Ensaio sobre a Crítica

A Violação da Madeixa

Floresta de Windsor

Títulos originais:
An Essay on Criticism
The Rape Of The Lock, an Heroi-Comical Poem
Windsor Forest

copyright © Editora Lafonte Ltda. 2022

Todos os direitos reservados.
Nenhuma parte deste livro pode ser reproduzida por quaisquer meios existentes sem autorização por escrito dos editores.

Direção Editorial Ethel Santaella

REALIZAÇÃO

GrandeUrsa Comunicação

Direção Denise Gianoglio
Tradução Otavio Albano
Revisão Valéria Thomé
Textos de apresentação Dida Bessana
Capa, Projeto Gráfico e Diagramação Lorena Alejandra Z. Munoz

```
Dados Internacionais de Catalogação na Publicação (CIP)
        (Câmara Brasileira do Livro, SP, Brasil)

   Ensaio sobre a crítica : a violação da madeixa :
      floresta de Windsor / tradução Otavio Albano.
      -- 1. ed. -- São Paulo : Lafonte, 2022.

      Título original: An Essay on Criticism
      ISBN 978-65-5870-258-0

      1. Crítica 2. Poesia inglesa.

22-105979                                    CDD-821
```

Índices para catálogo sistemático:

1. Poesia : Literatura inglesa   821

Aline Graziele Benitez - Bibliotecária - CRB-1/3129

Editora Lafonte
Av. Profª Ida Kolb, 551, Casa Verde, CEP 02518-000, São Paulo-SP, Brasil – Tel.: (+55) 11 3855-2100
Atendimento ao leitor (+55) 11 3855-2216 / 11 3855-2213 – atendimento@editoralafonte.com.br
Venda de livros avulsos (+55) 11 3855-2216 – vendas@editoralafonte.com.br
Venda de livros no atacado (+55) 11 3855-2275 – atacado@escala.com.br

Ensaio sobre a Crítica

ALEXANDER **POPE**

TRADUÇÃO RIMADA **OTAVIO ALBANO**

A Violação da Madeixa

Floresta de Windsor

Brasil, 2022

Lafonte

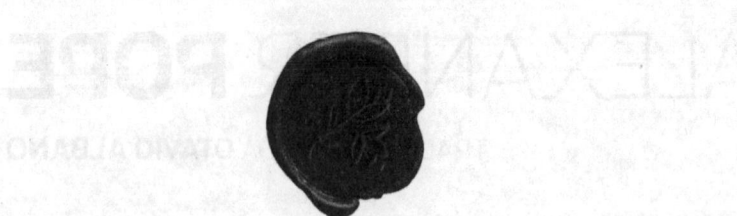

Sumário

Apresentação 7

Ensaio sobre a Crítica. 10

    Parte I 13

    Parte II 22

    Parte III. 37

A Violação da Madeixa 46

    Canto I 52

    Canto II. 59

    Canto III 65

    Canto IV. 73

    Canto V 81

Floresta de Windsor. 88

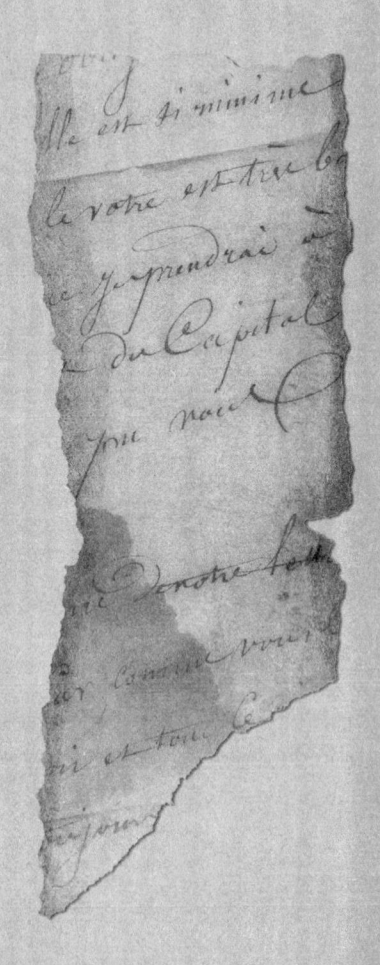

Apresentação

Alexander Pope nasceu em Londres, em 21 de maio de 1688, ano da Revolução Gloriosa, que marcou o fim do absolutismo inglês, depôs o rei Jaime II, apoiado pelos católicos, e instalou uma monarquia constitucional, de confissão calvinista, levando ao trono Guilherme de Orange e Maria Stuart.

Filho de um comerciante bem-sucedido, também chamado Alexander, e de Edith Turner, ambos católicos, Pope aprendeu as primeiras letras com uma tia, que despertou nele o gosto pela leitura. Em seguida, frequentou duas pequenas escolas católicas que funcionavam ilegalmente e acolhiam meninos não protestantes. Em razão da proibição de católicos morarem perto de Westminster, em 1700 sua família mudou-se para a Windsor Forest. Educado em casa, leu os clássicos, como Homero e Montaigne, e poesias em francês, grego, latim e italiano. Na mesma época, foi acometido do mal de Pott (tuberculose espinhal), o que dificultou seu crescimento e causou-lhe grave escoliose, deixando-o corcunda.

Em 1710, o dramaturgo William Wycherley introduziu Pope nos círculos literários londrinos. Aos 16 anos, ele escreveu seu primeiro poema, *Pastorais*, publicado em 1709. *A Violação da Madeixa* (1712), um de seus poemas mais famosos, é uma sátira épica que critica, do ponto de vista moral, a inversão dos valores da sociedade inglesa. Nesse mesmo ano, com os amigos e também escritores, John Gay, Jonathan Swift, Thomas Parnell, John Arbuthnot e o político Robert Harley, criou o Scriblerus Club, para ridicularizar a erudição pretensiosa e o jargão acadêmico. O pseudônimo usado, Martinus Scriblerus, era uma dupla referência: Martinus, ao personagem cômico do poeta John Dryden, *sir* Martin Mar-all, sinônimo de erro absurdo, e Scriblerus, ao escriba, termo depreciativo para artista sem talento. *As Memórias de Martinus Scriblerus* foram publicadas em 1741.

Seu projeto mais ambicioso foi a tradução em versos dos poemas épicos do poeta grego Homero: a *Ilíada*, concluída em 1720, em seis volumes, e a *Odisseia*, editada em 1726, cujo sucesso comercial lhe permitiu adquirir sua casa em Twickenham. Nesse ínterim, publicou *Floresta de Windsor* (1715), em que ataca o esplendor da coroa, e *Ensaio sobre a Crítica*, outro de seus mais aclamados trabalhos (1717).

Com Jonathan Swift, ironizou aqueles que consideravam os piores escritores do momento, parodiando-os a partir de 1727. Para rebater os ataques recebidos, publicou anonimamente *The Dunciad* (1729), um poema satírico-heroico, em que celebra a estupidez na forma de uma deusa imaginária e seus agentes humanos, que arruínam a Grã-Bretanha. Tais agentes, figuras proeminentes e membros do governo *whig* (uma poderosa oligarquia financeiro-comercial), são responsabilizados pelos males da sociedade inglesa da época.

Pope revelou-se um expoente da poesia augustana inglesa, e suas sátiras, cuja inofensiva aparência oculta críticas agudas e contundentes, renderam-lhe tantos inimigos que, muitas vezes, saía de casa acompanhado de seu dogue alemão e armado de uma pistola, caso fosse atacado de surpresa por um de seus alvos ou por apoiadores deles.

Uma das vozes mais influentes de seu tempo e primeiro poeta inglês a desfrutar em vida de fama no continente europeu, Pope faleceu em 30 de maio de 1744, em Twickenham, Inglaterra.

Nota do tradutor

A presente obra, no original, é um poema composto em dísticos heroicos, característica típica de poemas épicos ou narrativos em língua inglesa. Um dístico é um poema em que duas linhas subsequentes estão relacionadas e, juntas, formam um pensamento ou uma sentença completa. Além dessa característica primordial, várias outras distinguem um dístico heroico de um regular: trata-se de um par de versos sempre rimado, fechado (as duas linhas que o compõem são interrompidas por algum tipo de pontuação e formam uma unidade gramatical independente) e composto por pentâmetros iâmbicos (versos com cinco pares de sílabas que se alternam entre átonas e tônicas). Nesta tradução, devido às limitações de uma transposição de sílabas alternadas e versos metrificados de uma língua germânica (inglês) para uma língua latina (português), optou-se apenas pela manutenção das rimas.

ENSAIO SOBRE A CRÍTICA

Como homens bem criados,
como homens de saber,
A evitar grandes erros,
pequenos hão de cometer...

ALEXANDER **POPE**

Ensaio sobre a Crítica, escrito quando Pope tinha 23 anos, apesar do nome, é um poema longo, com rima e métrica, mas que se expressa como se fosse prosa. Serve-se da poesia para criticar a má poesia. As três partes ilustram uma era de ouro da cultura, descrevem sua queda e propõem um conjunto de ideias para restaurá-la por meio da ética literária e das virtudes pessoais.

Esse ensaio funciona como uma deontologia, uma norma para os deveres da profissão de poeta, tentando também afastar do público os críticos perigosos e mal-educados, abundantes em sua opinião, cujos erros mais comuns são considerar apenas a linguagem ou a versificação, e não o todo, em que está o mais importante: a essência do homem.

Com uma obra de doutrina neoclássica, Pope, sempre fiel ao Século das Luzes, advoga muitos dos princípios centrais da filosofia estética e moral do século XVIII e seus valores mais importantes: a razão, o equilíbrio, o decoro.

Aqui, ele expõe suas ideias estéticas, defende seus pontos de vista sobre a verdadeira poesia, aponta a falta de "gosto verdadeiro" dos críticos, discute as leis pelas quais devem se pautar, lista os erros que cometem e aponta o que os bons críticos devem fazer.

Aos bons poetas, indica as qualidades que devem se esforçar para ter em seu trabalho, rechaça o excesso de ornamentação, o estilo extravagante e os efeitos da escrita desajeitada.

Estudos atuais têm considerado Pope uma figura-chave na esfera das letras, bem como uma testemunha do surgimento da era da impressão de caráter comercial e do desenvolvimento da identidade nacional inglesa moderna, cujo alcance satírico está muito além do que se supunha.

ALEXANDER **POPE**

Parte I[1]

Não sei dizer onde há menos saber,
Se no mal julgar ou no mal escrever;
Mas, entre ambos, quem mais nos causa avaria
Não é quem nos exaure, mas quem nos ludibria.
Dos primeiros, poucos há, enquanto os últimos abundam,
A cada um que escreve mal, dez outros o censuram;
Na poesia, um tolo, sozinho, se expõe à glosa,
Ao passo que muitos outros o fazem na prosa.

Com os próprios relógios como sabedoria,
Nenhum é certo, mas cada um no seu confia.
Nos poetas, o verdadeiro dom é coisa rara,
Nos críticos, bom gosto é o que lhes desampara;
Ambos da luz dos céus hão de precisar,
Uns nasceram para escrever, outros para julgar.
Ao que se sobressai, permita-lhe que eduque,
E, ao bom escritor, que sem amarras critique;
Pois se os autores são parciais em seu talento,
Também não o são os críticos, em seu julgamento?

Mas, se de perto observarmos, veremos a semente,
Que a maioria, do julgamento, tem em sua mente:

Ensaio sobre a Crítica

Um vislumbre ao menos a natureza nos espreita,
E cada linha sua, embora tênue, segue direita;
Porém, assim como o esboço mais querido,
Perde o encanto quanto pior seu colorido,
O falso saber torna o bom senso exaurido.[2]
Enquanto uns, no labirinto de escolas[3], se distraem,
Outros, tão cheios de si, na pura tolice recaem.
Na busca pela glória, o bom senso abandonam
E, em sua própria defesa, críticos se tornam;
Tanto os que escrevem, quanto os que da escrita se abstêm,
De um eunuco ou de um rival, o mesmo despeito mantêm.
Todos os tolos tomam o ridículo para si
E, com alegria, põem-se do lado de quem ri.
Se, a despeito de Apolo, Mévio escrever deve,[4]
Há quem critique ainda pior do que ele escreve.

Alguns, de fantasiosos, passaram a poetas,
Daí, tornaram-se críticos e, por fim, idiotas;
Outros, nem críticos nem fantasiosos chegarão a advir,
Pois, como cavalos ou mulas, asnos nunca haverão de servir.
São uma praga em nossas ilhas[5], tais pretensos espirituosos,
Como o são, às margens do Nilo, muitos insetos defeituosos.
Ao que é inacabado, poucos sabem que nome dar,
Já que tantos equívocos sua geração há de causar.
Cem línguas seriam exigidas para tais nomes desferir,
Mas a língua de um tolo pode cem homens exaurir.

Mas vós, que buscais tanto dar quanto merecer renome,
E, com méritos, alcançar de um crítico o nobre nome,
Assegurai-vos de saber até onde vossos limites vão,

E as fronteiras de vosso gênio, requinte e instrução.
Não vos lanceis além do local exato, sede discreto,
E, onde razão e tolice se encontram, fixai o ponto correto.

Divisas para as coisas todas, a natureza estabeleceu,
E, sabiamente, a vã esperteza do orgulhoso feneceu.
Assim como há terras onde o mar avança ávido,
Também há aquelas onde recua, e tudo resta árido;
Igualmente há almas em que a memória prevalece,
Ao passo que o poder do intelecto desfalece.
Onde ares de cálida fantasia se distraem,
As doces figuras da memória se esvaem.
Um gênio por completo é o que pede a ciência,
Tão vasta a arte, tão estreita a consciência;
Não apenas limitada a algumas artes,
E, mesmo nestas, retida a certas partes.
Como reis, perdemos as conquistas do passado,
Na vã ambição de muitas outras termos alcançado;
Faz bem aquele que comanda o que já lhe cabe,
Recolhendo-se somente àquilo que bem sabe.

Primeiro, segui a natureza e por ela guiai-vos,
Pois seus justos padrões sempre foram altivos;
Natureza infalível, com seu brilho divinal,
Uma luz clara, inalterada e universal.
Força vital e beleza, transmitidas a toda parte,
A mesmo tempo fonte, fim e prova da arte;
Arte de cujo fundo nenhuma provisão prescinde,
Trabalha sem alarde e, sem pompa, preside.
Assim, em um belo corpo, um espírito preceptor

Do ânimo se nutre e tudo preenche com vigor;
Cada movimento guia, cada nervo sustenta,
Invisível nos atos, mas nos efeitos se apresenta.
Alguns, para quem o Céu foi abundante em percepção,
Querem pô-la com ainda mais empenho à disposição;
Pois julgamento e percepção muitas vezes se contrapõem,
Mas, como marido e mulher, da ajuda mútua dispõem.
Rédeas, não! Que sirvam ao corcel da musa como referência,
Que contenham sua fúria, mas não aticem sua urgência;
Como um generoso equino, tal cavalo alado[6],
Mostra maior vigor com o curso dominado.

Essas regras antigas não são coisa inventada,
São ainda a própria natureza, mas metodizada;
E, como a liberdade, a natureza se restringe
Tão-somente às leis que ela própria exige.

Observai como a sábia Grécia suas úteis regras prescreve,
De quando reprimir ou animar nossos voos se deve.
Do topo do Parnaso[7], a seus filhos mostrara
Os árduos caminhos que, com eles, trilhara;
Do alto, ao longe, o prêmio imortal acenando,
Os demais, a subir os mesmos degraus, instando.
Assim, de grandes exemplos seus preceitos tira,
Deles colhendo o que antes, do Céu, partira.
O generoso crítico atiçou, do poeta, a paixão,
Ensinando o mundo a admirar com a razão;
Pois assim, serve a crítica à criada da musa,
Para vesti-la de encantos e torná-la mais amada:
Mas se de tal intenção alguém se penhora,

E corteja a criada, abandonando a senhora;
Se, contra os poetas, suas próprias armas viram,
Odiando os homens com quem tudo aprenderam;
São boticários que o papel de doutores representam
Por estudarem as receitas que lhes apresentam;
Ousados na tola prática dos princípios inexatos,
Ditam, matam e acusam os mestres de insensatos.
Alguns devoram os escritos de velhos autores,
Nem tempo nem traças são maiores predadores.
Outros, privados de imaginação, um completo torpor,
Escrevem tolas fórmulas de como poemas compor;
Uns abandonam a razão para alardear a erudição,
Outros tudo explicam, exceto a real definição.

Vós, pois, cujo entendimento à verdade se entrega,
Sabei julgar o caráter que cada um dos antigos emprega;
Em cada página, discerni fábula, assunto, finalidade,
Também religião, país e o espírito de sua idade;
Com tudo isso, a um tempo, diante do olhar,
Podereis, talvez, ironizar, mas nunca criticar.
Que sirva Homero para vosso estudo e deleite,
Lede-o durante o dia e contemplai-o ao poente;
Por ele formai julgamento, extraí-lhe o horizonte,
Através dele, elevai-vos às musas, até sua fonte.
Lede o texto, comparai-o, seja dele proprietário,
Então torna à musa de Mântua seu comentário.[8]

Quando o jovem Maro[9], em sua infinita mente, imaginou
Obra tão invulgar, que além da imortal Roma perdurou,
Talvez tenha desprezado, da crítica, os preceitos,

Ensaio sobre a Crítica

e tenha querido esgotar, da natureza, os conceitos;
Mas, ao examinar o que compusera, parte a parte,
Percebeu que natureza e Homero faziam a mesma arte.
Convencido, surpreso, reprime sua imaginação,[10]
E a restritas regras, então, confina sua produção,
Como se o Estagirita[11] presidisse-lhe cada escansão.
Aprenda-se assim, das antigas regras, o que compete;
Na verdade, quem copia a natureza, Homero repete.

Há belezas que nenhuma regra podem manifestar,
Já que advêm tanto do júbilo quanto do cuidar.
Música e poesia se assemelham – e, em cada uma,
Inomináveis graças há, sem fórmula nenhuma,
E que apenas a mão de um mestre as assuma.
Onde as regras não se estendem a contento
(Já que foram feitas para promover seu intento),
Uma feliz licença corresponde à intenção
Tornando-se, então, mais uma prescrição.
Pégaso, assim, para encurtar estrada,
Desvia, atrevido, da via mais acessada;
Às vezes, grandes talentos podem muito se ultrajar,
Chegando a falhas que críticos sérios não ousam consertar;
Afastam-se dos limites vulgares com brava comoção,
Arrebatando graça muito além de sua aptidão;
Assim, sem passar por julgamento, corações ganham
E, a uma só vez, todos os seus fins arrebanham.
Em certo sentido, variadas coisas agradam ao olhar,
Quando, da ordem natural, chegam a se desvencilhar,
Tal qual uma rocha informe ou um precipício sem par.

ALEXANDER **POPE**

Mas se os antigos as próprias regras transgridem
(Como reis que burlam as leis que presidem),
Modernos, cuidado! Se contra as leis
Quiserem pecar, seus fins não violeis,
Fazei-o raramente e por força de necessidade,
E tende, ao menos, um precedente como autoridade.
O crítico, por sua vez, sempre procede sem pesar,
De vossa fama se apossa e põe suas próprias leis no lugar.

Bem sei que alguns, cujas ideias presunçosas,
Sublimes belezas, soam em si mesmas embaraçosas;
Parecem-lhes coisas monstruosas e deformadas,
Sejam elas vistas de muito perto, sejam isoladas;
Mas mostradas sob área, luz e distância exatas,
Toda graça e harmonia lhes são cordatas.
Nem sempre deve exibir um sábio líder
Em iguais níveis e disposição seu poder;
Mas, satisfeitos seu tempo e seu lugar,
Mesmo voando, possa sua força dissimular.
Estratagemas há como erros, convenhamos,
Não concorda Homero, nós é que sonhamos.

Ainda vemos, estampando louros formidáveis,
Antigos altares, das mãos profanas inalcançáveis;
Isentos das chamas e da inveja feroz,
Da destrutiva guerra e do tempo algoz.
Vede, de cada clima os sábios trazem seu incenso;
Ouvi, em todas as línguas, dos Peãs[12] o consenso!
Que assim ressoe cada voz em louvor,
E do gênero humano se encha o clamor.

Ensaio sobre a Crítica

Salve, ó bardos triunfantes! Em melhores dias gerados,
Herdeiros imortais da glória universal tornados!
Cujas honras com o tempo vão crescendo,
Como correntezas, aos poucos se estendendo;
Nações a nascer, seus poderosos nomes soarão,
E hão de louvar mundos que ainda descobrirão!
Ó, que alguma faísca de sua chama celestial
Inspire um de seus filhos, mesmo o mais banal
(Que, esvoaçando, de longe quer vos seguir,
Arde enquanto lê, mas treme ao redigir),
Para ensinar aos fúteis ilustrados a pouco conhecida arte,
De admirar o talento superior, duvidando de sua própria parte!

ALEXANDER **POPE**

Parte II

De todas as causas que conspiram a cegar
Do homem o senso e sua mente desorientar,
A que todo fraco espírito é suscetível,
É o orgulho, dos tolos vício infalível.
O que a natureza em méritos renega,
Em mais que necessário orgulho lega;
E, assim como nos corpos, na alma é encontrado,
O que falta ao espírito, na afetação é compensado:
Onde nulo é o juízo, vem o orgulho defender,
Para todo vazio de sentido preencher.
Se, por acaso, a razão chega e a tal névoa urge,
O dia claro da verdade no firmamento surge;
Não em vós, mas em vossos defeitos confiai,
Faça uso de cada amigo – e cada inimigo utilizai.

Uma das coisas mais perigosas é adquirir pouco saber,
Da fonte Pieriana[13], deve-se saciar ou nem dela beber;
Goles superficiais intoxicam a mente,
Beber à farta nos ajuíza novamente.
Com o que nos transmitem as musas, excitados ficamos,
E, na juventude destemida, das artes alturas alçamos;

Ensaio sobre a Crítica

Na limitada extensão que nossa mente atinge,
Nada vemos ao longe, tudo se restringe;
Mas, quanto mais se avança, com pasmo fita,
As distantes cenas vindas da ciência infinita!
Jubilosos com os elevados Alpes, acreditamos
Ter alçado os céus, mas apenas os vales galgamos,
Enquanto as eternas neves ao passado se apresentam,
As primeiras nuvens e montanhas derradeiras aparentam.
Mas, ao lá chegar, ainda tememos explorar
Os crescentes labores da trilha a se alongar,
A paisagem infinita cansa o olhar errante,
Pois surgem Alpes e mais Alpes adiante!

Cada obra assim lerá o perfeito avaliador,
Com o espírito com que a escreveu o autor;
O todo sempre vê, sem esmiuçar falhas rigidamente
Onde move a natureza e o êxtase acalenta a mente,
Nem perde, por limitado e funesto intento,
O dadivoso prazer de usufruir do talento;
Mas a poesia que não flui nem extravasa
Corretamente fria e regularmente rasa,
Para evitar críticas, sempre o mesmo tom mantém;
Culpá-la não podemos... mas dela bom sono provém.
Como na natureza, o que nos comove na arte
Não é a exatidão que advém de cada parte;
Não é um lábio ou um olho o que de beleza chamamos,
Mas a força do conjunto e o efeito que contemplamos.
Assim, ao vermos tão equilibrada cúpula que assoma
(Os mundos tanto se maravilham contigo, ó Roma!),[14]

ALEXANDER **POPE**

Nenhuma parte nos surpreende em separado,
Aos olhos que admiram, tudo está conectado;
Sem descomunais largura, comprimento ou porte,
O todo, a uma só vez, é regular e forte.

Quem sem defeitos uma peça espera ver,
Quer o que nunca foi, é ou haverá de ser.
Em cada obra, considerai do escritor a intenção,
Pois ninguém alcança mais que a própria pretensão.
Se justos forem os meios e verdadeiro o intuito,
Mesmo com triviais defeitos, o aplauso é fortuito.
Como homens bem criados, como homens de saber,
A evitar grandes erros, pequenos hão de cometer:
Desprezai as regras que estabelece o avaliador,
Pois ignorar banalidades já é de grande valor.
Críticos há que, escravos de alguma arte,
Fazem o todo depender de uma parte:
Falam de princípios, mas afeiçoam-se a conceitos
E a tudo sacrificam por seus insanos preceitos.

Do cavaleiro de La Mancha[15], é o que se conta,
A certa feita, o bardo no caminho desponta;
Então, em termos justos e com sábios olhares, discorreu,
Como jamais Dennis[16] sobre os palcos gregos transcorreu;
Em conclusão, todos uns tolos e néscios desesperados,
Que das regras de Aristóteles querem viver apartados.
Nosso autor, eufórico por ter juiz tão perfeito,
Apresenta sua peça e ao cavaleiro implora o pleito;
Pede-lhe que observe o assunto, enredos e tais,

Ensaio sobre a Crítica

As maneiras, as paixões, as unidades, algo mais?
Tudo, conforme a regra, foi submetido a avaliação
E de fora, apenas um combate ficou sem apreciação;
Exclama, então, o cavaleiro: "O combate ignoramos?"
"Ou assim fazemos ou ao Estagirita[17] renunciamos."
"Pelos céus, assim não!" (furioso, põe-se a protestar)
"Cavaleiros, escudeiros e corcéis no palco devem estar."
"Multidão tão vasta o proscênio não haverá de conter."
"Construa-se um novo, ou ao campo vamos nos meter."

Assim são os críticos com mais teima que razão,
Curiosos, ignaros, simpáticos, mas sem nenhuma correção;
Formam medíocres ideias, ofendendo, assim, as artes
Não apenas em seus modos, mas por seu amor às partes.

Muitos são os que nos próprios gostos se confinam,
E reluzentes pensamentos em cada linha disseminam;
Satisfeitos com uma obra sem nada justo ou adequado;
Formoso caos a uma feroz sagacidade amontoado.
Tais quais pintores, poetas mostram-se incompetentes
A delinear a natureza nua ou as graças viventes;
Com ouro e joias cobrem cada parte,
E com adornos ocultam sua falta d'arte.
Real juízo possui a natureza, revestida de benesse,
O que muito se pondera talvez nunca se expresse;
Algo cuja verdade à primeira vista é premente,
Apenas nos devolve a imagem de nossa mente.
Assim como a sombra dá à luz resplandecência,
A singela modéstia ressalta a inteligência;

ALEXANDER **POPE**

Pois o excesso de juízo faz muitas obras fenecer,
Como o excesso de sangue leva um corpo a perecer.

Ainda há outros que na língua expressam toda a atenção,
Valorizam os livros, tal como as damas, pela simples feição.
"Muito belo é o estilo" – seu louvor parece ser,
Mais vale confiar que verdadeiro sentido obter;
Palavras são como folhas e, onde proliferam,
Os frutos do bom senso se ausentaram.
A falsa eloquência a um prisma corresponde,
Nenhuma de suas cores berrantes se esconde;
Da face da natureza não se faz mais menção,
Tudo brilha alegremente sem nenhuma distinção:
Mas a justa expressão, como o sol permanente,
Limpa, melhora, ilumina tudo que está presente,
Doura todos os objetos, sem alterar nenhum ente.
A expressão é a vestimenta do pensamento
E parece mais decente, com mais discernimento;
Um conceito vil expresso com afetação
É como vestir com trajes reais um bufão;
Um diferente assunto demanda um estilo desigual,
Pois há vestes para o campo, a cidade e o tribunal;
Usando velhos termos, muitos procuram notoriedade,
Nas frases, antigos, mas modernos na oportunidade;
Tão trabalhoso, o nada, de estilo tão esquisito,
Surpreende iletrados, mas faz sorrir o erudito.
Coitado, assim como Fungoso[18] em sua peça representa,
Com o mesmo brilho e embaraçosa vaidade intenta
Mostrar o que o cavalheiro do passado apresenta;

Ensaio sobre a Crítica

Mas, para imitar os antigos, vale muito mais
Vestir-se, como nossos avós, com aventais.
As palavras e a moda seguem os mesmos diagnósticos,
Muito velho e muito novo são igualmente pernósticos;
Não sejais o primeiro a experimentar a novidade,
Nem tampouco o último a abandonar a antiguidade.

Mas a maioria, pela cadência, julga o canto do poeta,
Suave ou rude, por ela decide o que erra ou acerta.
Na radiante musa, mil encantos conspiram,
E tolos de tal monta apenas sua voz admiram;
Frequentam o Parnaso não para a mente alimentar,
Mas para agradar os ouvidos – assim como no altar
preferem certos devotos, à doutrina, o cantar;
Requerem apenas e sempre sílabas iguais,
Mesmo que logo se cansem das abertas vogais;
Enquanto expletivas o mau verso acodem
Dez palavras baixas nem uma linha socorrem;
Em torno dos mesmos timbres de sempre ressoam,
E, com rimas conhecidas, réplicas seguras ecoam;
Onde encontra-se "do oeste a refrescante *brisa*",
Logo segue-se "por entre as árvores *divisa*";
Se águas cristalinas "murmuram em completo *abandono*",
Os leitores se arriscam (não em vão) a morrer de "*sono*".
Por fim, um último dístico servirá de complemento,
Com algo sem sentido a que chamam pensamento;
Então um inútil Alexandrino[19] o canto terminará,
E, como cobra ferida, com vagar se arrastará.

ALEXANDER **POPE**

Deixai-os entoar suas maçantes rimas e tomai conhecimento,
Do que é verdadeiramente suave ou languidamente lento;
Sabei apreciar quando o vigor fácil de um bom verso emerge,
Como quando a força de Denham[20] à doçura de Waller[21] converge.
O fácil escrever é só com arte que se alcança,
Como melhor se move quem estudou a dança;
Não é suficiente que o escrito seja contido,
Mas também o som deve ecoar o sentido.
Doce é a música quando Zefir[22] suavemente acorre,
E o gracioso fluxo em mélico ritmo transcorre;
Mas se fortes ondas castigam a costa estridente,
Ouve-se o verso rouco, como o rugido da torrente;
Se mesmo Ajax[23] se esforça para a rocha lançar,
Também luta o verso, e as palavras avançam devagar;
Pois é assim que a célere Camila[24] os campos atravessa,
Por sobre o inflexível grão e ao longo do mar se apressa.
Ouvi de Timóteo[25] as surpresas variadas,
Num subir e descer de paixões alternadas!
Entrementes o filho do Júpiter líbio[26], a cada alteração,
Ora na glória arde, ora se desfaz em paixão;
Uma cintilante cólera de seus furiosos olhos salta,
Irrompem-lhe suspiros, e o pranto logo o assalta:
Persas e gregos em um revés da natureza são encontrados,
Veremos os vencedores do mundo pelo som subjugados?
Ao poder da música cada coração obedece com fé,
E o que Timóteo representara, Dryden agora é.

Extremos evitai, e também a companhia
Da gente que tudo ou nada contraria;

Ensaio sobre a Crítica

Pouca coisa gera logo descompenso,
Sinal de muito orgulho ou pouco senso:
Cabeças, como estômagos, a nada servem
Se com tudo enjoam, se nada sorvem.
Tampouco permiti que cada coisa vos iluda,
Os tolos admiram, mas o bom senso aplaude:
Entre névoas o que se vê grandeza aventa,
O entorpecimento a tudo aumenta.

Uns, autores estrangeiros repudiam; outros, os nossos depreciam,
E também há os que só antigos ou modernos apreciam.
A sagacidade, como a fé, por cada homem é aplicada,
À parte um pequeno séquito, toda a gente é condenada.
Até mesmo o sol querem confinar,
Forçando-o a apenas uma parte cintilar;
Sol que não apenas a astúcia do sul apura,
Mas também os gênios do frio do norte matura;
Sol, que há muitas eras insiste em resplandecer,
Ilumina o presente, e o futuro há de aquecer;
Embora todos possam apogeus e quedas sentir,
Podendo dias mais claros e escuros existir.
Se o juízo é velho ou novo não é fato importante,
Basta valorizar o verdadeiro e censurar o farsante.

Alguns nunca expõem a própria opinião,
E ficam satisfeitos com o parecer da multidão;
Raciocinam e concluem pelo que os outros falaram,
Tomam para si tolices que nem ao menos inventaram;
Não avaliam do autor sua obra, mas seu nome,
Não aclamam nem censuram a escrita, mas o homem.

ALEXANDER **POPE**

Desse rebanho servil, pior é aquele sujeito
Que, com orgulho, ao talento une o defeito,
Crítico constante no conselho do suserano,
Leva e traz as bobagens de seu soberano;
Imagine-se que avultosa idiotice seria tal madrigal,
Se um poeta vulgar, ou mesmo eu, a compusesse, afinal!
Mas deixe um senhor das felizes linhas se ocupar,
Como se ilumina o juízo! Que estilo sem par!
Diante de seu sagrado nome foge toda falha,
E cada sublime estrofe de ideias se amealha!

O vulgo, portanto, erra na imitação,
Como erram os sábios na inovação.
Desprezam tanto a turba, que tornarão a errar,
Se por acaso a multidão começar a acertar:
De tão contraditórios, os incautos enfim desistem,
Por força de muita astúcia, à censura não resistem.
Alguns de manhã aclamam o que à noite condenaram,
Mas apenas admitem a última ideia a que tornaram.
Para eles, uma musa é como uma amante usada,
Nesta hora é idolatrada, na próxima abusada;
Em suas fracas mentes, como cidades sem prumo,
Bom senso e absurdo diariamente mudam de rumo;
Perguntai-lhes o porquê, dirão que mais sábios estão,
E que, amanhã, do que hoje ainda mais sábios serão.
Nossos pais são uns tolos, tamanho saber retemos,
Quando crescerem nossos filhos, nós os tolos seremos;
No passado, teólogos mil nesta mais que zelosa ilha havia,
E mais intensamente lido o que mais sentenças[27] conhecia;

Ensaio sobre a Crítica

Fé, Evangelho, tudo parecia pronto a ser contestado,
E ninguém tinha bom senso suficiente para ser refutado:
Escotistas[28] e tomistas[29] agora em paz permanecem,
E em meio às teias de aranha da Duck Lane[30] perecem.
Se a própria fé diferentes trajes tende a usar,
Por que não pode a moda no intelecto imperar?
Deixando de lado o que é natural e adequado,
Muitas vezes a tolice atual põe à prova o ajuizado;
E tais autores supõem segura sua dignidade,
Enquanto os tolos deleitam-se na hilaridade.

Há quem valorize apenas sua própria opinião,
E se considere, da humanidade, o único padrão:
Cremos engrandecer os méritos alheios com bem-querer,
Mas apenas se aclama nos outros o que em si se pode obter;
Tomar partido acaba como assuntos de Estado,
Tudo o que é público multiplica o ódio privado.
Contra Dryden, apenas desdém, soberba e chiste,
Párocos[31], críticos e belos[32] com o dedo em riste;
Mas, passada a troça, o juízo urge,
E o mérito, por fim, se eleva e surge.
Se Dryden retornasse, se ressurgisse ainda uma vez,
Novos Blackmores[33], novos Millbourns[34] mostrariam-se com altivez:
Se do túmulo o grande Homero erguesse sua fronte,
A figura de Zoilo[35] logo se veria no horizonte.
A inveja, como uma sombra, o mérito acompanhará,
E sendo espectro a realidade de sua essência provará:
Como sol eclipsado, o cobiçado talento acentua
A estupidez de quem o inveja, e não a sua.

ALEXANDER **POPE**

Quando pela primeira vez tão poderoso sol aparece,
Atrai névoas que seus próprios raios escurece;
Mas tais nuvens apenas ornam sua via,
Novas glórias refletem e aumentam seu dia.

Propiciai o verdadeiro mérito sem demora,
De nada vale o aplauso alheio fora de hora;
Pois breve é a época de modernas rimas,
Apenas o bastante para mantê-las vivas;
Ai de nós! Há muito tempo se foi o áureo dia
Em que o talento dos patriarcas a mil anos excedia:
Agora toda fama (o segundo existir) está perdida,
Nem sequer de sessenta anos alcança sobrevida;
Todo filho dos pais as faltas notará
E como Chaucer[36] é, Dryden será.
Assim, quando a pena fiel tiver desenhado,
Brilhante conceito pelo mestre ideado,
Dele, então, logo surgirá, sob seu comando,
Um novo mundo, com a natureza a seu mando;
Quando as brandas cores se suavizam e se fundem,
Da forma mais serena, sombra e luz confundem;
Com o passar dos anos, sua completa perfeição atribui,
E a cada ousada figura, intensa vida por fim distribui;
Cada cor desleal a bela arte escarnece,
E, assim, sua brilhante criação fenece!

Triste juízo, como toda artimanha,
Não expia a inveja que o acompanha;
Na juventude o louvor vazio nos ludibria

Ensaio sobre a Crítica

Mas logo se perde a vaidade fugidia.
Como bela flor que a primavera fornece,
E em plena e alegre floração falece;
Que inteligência é essa que tanto parece custar,
Que tanta pena ao proprietário parece causar?
Mais nos perturba quanto mais é admirada,
Quanto mais a oferecemos, mais parece pleiteada;
Fama que com presteza se perde, com dores se alcança,
A pouquíssimos agrada, mas a muitos cansa;
Da virtude distante, pelo vício receada,
Por patifes dissoluta e por tolos odiada!

Se da ignorância tanto havemos de sofrer,
Não deixeis o aprendizado vosso inimigo ser!
Dos antigos, os excelentes recompensas conseguiam,
E apenas os que se esforçavam louvores recebiam:
Se aos generais devem-se as vitórias,
Também aos soldados reservem-se as glórias.
Hoje os que o topo do Parnaso chegam a alcançar
Empregam seus esforços para os outros derrubar;
Enquanto a presunção de cada autor a pena conduzir,
Da rivalidade do intelecto, a diversão dos tolos deve advir:
Mas o pior mais arrependimento deve trazer,
Pois todo mau autor também mau amigo há de ser;
Com que baixos fins, com que abjeta condução,
Insta aos mortais o sagrado desejo pela ovação!
Nunca uma terrível sede de glória exalteis,
Nem nas sendas da crítica erreis;

ALEXANDER **POPE**

Coração e bom senso devem juntos andar,
O errar é humano, divino é o perdoar.

Mas se em mentes nobres há impuros fragmentos,
Frutos de amargor e descontentamentos;
Descarregai tal raiva em crimes mais dolosos,
Não temais a escassez nestes tempos dolorosos.
Que indecorosos versos nunca encontrem perdão,
Ainda que arte e juízo neles conspirem à comoção;
Mas a tolice obscena mostra-se impudente,
Tão certo quanto o amor é impotente.
Na fértil era do prazer, da riqueza, da leviandade,
Viçoso o joio que se alastra com facilidade:
Quando o monarca à toa[37] só ao amor se entregava,
E nem do Conselho nem da guerra se encarregava;
Loucas governavam e estadistas longas farsas criavam,
Doutos soldo ganhavam e jovens lordes se dotavam:
Ofegantes, damas admiravam muita peça espúria,
E nenhuma máscara[38] mantinha-se na penúria:
O modesto leque o rosto oculto não mantém,
O que nas virgens corava agora lhes entretém.
De um reino estrangeiro[39] a libertina tendência,
Apagando do audaz Socino[40] toda evidência;
Então, incrédulos sacerdotes reformaram a nação,
Ensinando métodos mais agradáveis de salvação;
Os súditos ao céu podem disputar o direito,
Assim Deus não lhes parecerá tão perfeito:
O púlpito aprendeu a sátira sagrada limitar,
Oferecendo ao vício um local a se apoiar!

Ensaio sobre a Crítica

Animados, os geniais Titãs[41] desafiaram o firmamento,
E a imprensa praguejou com o devido consentimento;
A esses monstros, ó críticos, vossos raios apontai,
Lançai agora vossos dardos e toda ira esgotai!
Mas evitai qualquer culpa, pois muito encantador
Torna-se o desejo de confundir vício e autor;
Ao observador dependente tudo parece adulterado,
Como aos olhos com icterícia tudo fica amarelado.

ALEXANDER **POPE**

Parte III

Aprendei qual moral os críticos devem mostrar,
O saber é só metade do ofício de quem deve julgar.
Não basta saber e gosto ao julgamento fundir,
Em tudo que se diz, devem a verdade e a franqueza luzir:
Porém, não é apenas isso que devemos à sensibilidade,
Tudo se permite, mas que também se busque a amizade.

Quando duvidar de seus sentidos, calai,
Na certeza, com aparente timidez, falai:
Há pedantes assertivos e obstinados,
Uma vez errados, sempre enganados;
Os erros passados, com prazer, confessai,
E, a cada dia, o precedente criticai.

Não basta que seja o conselho verdade,
Fere mais um fato hostil que uma bela falsidade;
Deve-se ensinar aos homens sem que lhes pareça aprender,
E as coisas desconhecidas, tratai-as como algo a esquecer.
Sem uma boa educação, toda verdade desagrada,
E apenas o bom senso é capaz de torná-la amada.

Ensaio sobre a Crítica

Sob nenhum pretexto negai dar vosso parecer,
Não há pior avareza que ocultar o próprio saber;
Não traiais a confiança por complacência pura,
Nem vos mostreis injusto por excesso de finura;
Não temais levantar do sábio a exasperação,
Quem elogios merece tolera a repreensão.

Muito bom que com liberdade se possa criticar,
Mas Ápio[42], a cada palavra, logo há de corar;
E há de tremer com um olhar ameaçador,
Como, em uma velha tapeçaria, feroz opressor;
Preferi temer de honrado idiota impostos cobrar,
Cujo único direito é o de sem censura nos amolar;
Tolos há que poetas se tornam quando querem,
Sem formação, outros acabam doutores sem poderem.
Deixai, pois, as verdades perigosas às sátiras desditosas,
E as lisonjas aos autores de dedicatórias venturosas;
O mundo não confia nos elogios que repetem,
Nem tampouco atesta os escritos que prometem.

Mais vale restringir qualquer censura,
E, por caridade, deixar ao idiota sua tesura;
Que seja o vosso silêncio a mais bela indiferença,
A que protestar, se para escrever têm eles licença?
Ainda murmurando seguem seus rumos entorpecidos,
Por tanto tempo fustigados que acabam adormecidos;
Mesmo um passo em falso ajuda a corrida a apurar,
Depois de um tropeço, cavalo velho emenda o andar.
Quantos destes impenitentes podemos ver
Ao som das ressonantes sílabas envelhecer;

ALEXANDER **POPE**

Ainda correm em poetas certa veia inglória,
A ponto do cérebro espremerem toda escória;
Expurgam até a última gota de inteligência,
E rimam com toda a raiva sua impotência!

Tais bardos desavergonhados ainda temos,
E críticos doidos e miseráveis, não há menos;
O obstinado leitor sem resultados lê,
Com a mente carregada de saber nada vê;
Com a própria língua seu ouvido agrada,
E parece escutar a si – mais nada;
Lê todos os livros e os ataca em todos os pontos,
De Dryden, as fábulas, de d'Urfey[43], os contos,
Afirma ser roubo ou aquisição por escrito;
Garth seu Dispensário[44] não haveria descrito;
Nomeai uma peça, e ele é do poeta amigo,
Apontai-lhe os defeitos – não hão de anuir consigo?
Para ele nunca haverá lugar sagrado,
Nem na igreja nem em Saint Paul[45] é barrado:
Caso fujais para o altar, de vossa morte há de falar,
Pois todo tolo se precipita onde os anjos temem pisar.
A desconfiança com modesta cautela se pronuncia,
Parece-lhe acolhedora, então breves incursões evidencia;
Mas, estrondosos disparates, aos brados anuncia;
E nunca se choca, nunca se intimida,
Sem resistência explode, como onda irreprimida.

Mas onde está o homem com conselhos a ceder,
Com prazer em ensinar, sem a vaidade do saber?
Sempre imparcial, agindo por favor ou pesar,

Ensaio sobre a Crítica

Sem nenhuma teima, nem paixão a lhe cegar;
Erudito, educado e, mesmo assim, sincero,
Na modéstia ousado, humanamente severo;
Quem ao amigo seus defeitos livremente ostenta,
E do inimigo, de bom grado, os talentos apresenta?
Com o gosto exato abençoado, nenhum limite o confina,
Como os livros, também o coração humano domina;
Tem a conversa generosa, a alma sem exaltação,
E, com a razão a seu lado, sobra-lhe amor à ovação?

Assim eram os críticos, e também uns venturosos,
Em melhores eras, Atenas e Roma soube-os ditosos.
O grande Estagirita primeiro a costa abandonou,
Alargando, então, as velas, profundidades explorou;
Navegou com segurança, de muito longe guiado,
Pela estrela Meônia[46] e seu fulgor iluminado.
Ah, os poetas, há tanto tempo livre etnia,
Que ainda amam e exibem tal liberdade bravia;
Receberam suas leis, julgaram cada regra merecida,
Quem conquistar a natureza que o espírito presida.

Horácio[47], com doce negligência nos deleita,
E sem método sempre nos endireita;
Como um amigo, na linguagem mais bela,
Com extrema facilidade a verdade revela.
Quem é superior no julgar e no pensar,
Com ousadia escreve e, assim, pode censurar;
Em meio ao calor do cantar com frieza ajuíza,
E, com o que sua obra inspira, preceitos catequiza;
Nossos críticos, o caminho contrário hão de tomar,

Julgam sempre com fúria, mas escrevem com vagar:
Menos sofre Horácio com imperfeitas traduções,
Que por duras críticas e incorretas citações.

Vede as ideias de Homero, Dionísio[48] refinar,
A cada linha investigada faz as belezas ressaltar!

Reúne o alegre Petrônio[49] com tal graça e inspiração;
Do cortesão a destreza e do sábio a erudição.

Na copiosa obra de Quintiliano[50] são encontradas
As mais justas regras ao mais claro método combinadas:
Úteis armas em nossos coldres colocamos,
Tudo com muita ordem e graça acomodamos;
Agradar aos olhos não, apenas ao nosso mando,
Tudo pronto ao uso, prestes ao comando.

O ousado Longino[51] é das Nove[52] a inspiração,
Com o ardor do poeta faz das críticas aclamação;
Ardoroso juiz, que, à sua confiança dedicado,
Com ternura sentencia, sempre justificado:
Seu exemplo suas leis transcrevem,
Ele próprio é o sublime que descreve.

Assim, sucessivos críticos com justiça reinaram,
A desordem reprimiram e úteis regras ordenaram.
Roma e ciência unidas igualmente se expandiram,
E, no rastro de suas águias, as Artes as seguiram;
Dos mesmos inimigos, ambas previram a sorte,
A um só tempo, Roma e Letras viram, enfim, a morte.

Ensaio sobre a Crítica

À tirania a superstição, então, se juntou,
E tanto mente quanto corpo escravizou;
Imensa a crença, ínfima a compreensão,
A ignorância passou, então, a gratificação;
Um novo dilúvio sobre a terra caiu,
O que os godos[53] começaram, a igreja concluiu.

Por fim, Erasmo[54], de grande e censurada insígnia,
(Do sacerdócio glória e também ignomínia!)
A torrente selvagem de uma bárbara era rechaçou,
E os tão sagrados vândalos[55] da cena expulsou.

Mas vede como surge cada musa nos dias d'ouro de Leão[56],
Do seu transe se originam, e seus secos louros florescerão;
De Roma o antigo gênio sobre suas ruínas se espalhou,
A poeira sacudiu e a reverente fronte hasteou;
A escultura e suas artes irmãs, então, revivem,
As pedras tomam forma e, enfim, as rochas vivem;
Nos novos templos, uma doce nota ecoa,
Um Rafael[57] pinta, um Vida[58] ressoa;
Ó, Vida Imortal, cuja honrada fronte conserva
Dos poetas louros, dos censores daninha erva;
Cremona do teu nome sempre se orgulhará
Tal como Mântua, igual fama ostentará![59]

Mas quando as ímpias armas do Lácio as expulsaram,
As banidas musas, as antigas fronteiras passaram.
Então a arte rumo ao gélido norte avança,
E o ensino da crítica prospera em toda a França;
A toda regra tal nação servil obedece;
E Boileau[60], à direita de Horácio, floresce;

Nós, bravos britânicos, pelas leis de fora desprezados,
Nos mantemos invictos e incivilizados;
Ferozes por nosso espírito livre e ousado,
Desafiamos os romanos como no passado.
Porém certos houve, ainda que poucos, sensatos,
Se menos presumiam, mostravam-se cordatos;
Quem ousa a causa antiga mais justa declarar,
E assim as leis fundamentais do gênio restaurar.
Assim a musa, que com seu exemplo e canto afirma:
"Bem compor é, da natureza, a obra-prima".
Assim era Roscommon[61], justo e sábio por igual,
Em si, linhagem e modos sempre foram tal e qual;
Conhecia de Grécia e Roma todo intelecto,
E, exceto seu próprio, de cada autor o mérito;
Assim é Walsh[62], juiz e amigo da musa,
Que, com lei e saber, louva e acusa;
Moderado nas falhas, sempre cioso,
Claro de ideias e de coração zeloso;
Aceita o sombrio lamento, a humilde loa,
Que, ao menos grata, a musa te entoa.
Musa cuja fraca voz a maiores tons guiaste,
E cujas asas tenras com carinho aparaste;
Sem mestre agora, já subir não trisca,
Mas dos tons graves exíguo teste arrisca;
Se neles podem ver seus erros, felizes os iletrados,
Enquanto, no que já sabiam, refletem os ilustrados;
Sem a censura temer, nem a fama estimar,
Feliz com o elogiar, mas sem medo do criticar;
Igualmente avesso ao lisonjear ou ao ofender,
Terei faltas talvez, mas nada me custa as resolver.

Ensaio sobre a Crítica

Notas do tradutor

1 A obra está dividida em três partes distintas. A grosso modo, a Parte I contém as regras para o estudo da arte da crítica, a Parte II expõe as causas de uma crítica injusta e a Parte III trata do embasamento moral do crítico, que consiste na candura, na modéstia e na boa educação.

2 Rompendo com as regras dos dísticos heroicos, o autor coloca um terceto (conjunto de três versos rimados) no meio de sua estrofe como espécie de homenagem a Sir Thomas Wyatt (1503-1542), político, embaixador e poeta lírico do século XVI que introduziu os sonetos na literatura inglesa. Esse procedimento se estenderá por inúmeras outras estrofes da obra.

3 Note-se que o autor se refere às escolas filosóficas.

4 Mévio (s/d) – *Maevius*, no original em latim – foi um poeta romano sem grande significância, ridicularizado em sua época tanto por Virgílio (70 a.C.-19 a.C.) quanto por Horácio (65 a.C.-8 a.C.).

5 Referência às Ilhas Britânicas, compostas pelo Reino Unido, pela Irlanda e pela Ilha de Man.

6 Referência a Pégaso, corcel alado que nasceu do sangue da Medusa, vertido quando Perseu cortou-lhe a cabeça.

7 Segundo a antiga mitologia grega, o monte Parnaso era uma das residências dos deuses Apolo e Dionísio, e de suas musas.

8 Referência à cidade italiana de Mântua, terra natal do poeta Virgílio, citado na próxima linha.

9 Públio Virgílio Maro (70 a.C.-19 a.C.), mais conhecido como Virgílio, foi um poeta romano clássico, autor de três grandes obras da literatura latina, as *Bucólicas*, as *Geórgicas* e a *Eneida*.

10 Os versos deste trecho relatam um boato que atesta que Virgílio teria tentado escrever um poema sobre a história de Roma e, ao fracassar, copia o estilo épico de Homero, dando origem à *Eneida*.

11 Referência a Aristóteles (384 a.C.-322 a.C.), filósofo grego do período clássico da Grécia Antiga, fundador da Escola Peripatética e do Liceu. Nascido na cidade de Estagira, por vezes é chamado de Estagirita.

12 Hinos cantados em honra a Apolo.

13 Na mitologia grega, a fonte Pieriana era o local de nascimento das musas, próximo ao Monte Olimpo. Foi popularizada como metáfora de conhecimento da arte e da ciência por Alexander Pope graças a esse dístico.

ALEXANDER **POPE**

14 Referência à cúpula da Basílica de São Pedro, projetada por Michelangelo (1475-1564) e localizada no Vaticano.

15 Referência a Dom Quixote, herói do livro homônimo escrito pelo autor espanhol Miguel de Cervantes (1547-1616).

16 John Dennis (1658-1734) foi um dramaturgo inglês. Grande crítico de Alexander Pope, atacou inúmeras de suas obras e chegou a escrever uma crônica a seu respeito, *The True Character of Mr. Pope* ("O Verdadeiro Caráter do Sr. Pope", sem tradução para o português).

17 Ver nota 11.

18 Personagem de *Every Man Out of His Humour* ("Cada Qual com Seu Humor"), comédia satírica escrita pelo dramaturgo inglês Ben Jonson (1572-1637).

19 Verso de doze sílabas poéticas, assim chamado graças ao poema *Le Roman d'Alexandre* ("O Romance de Alexandre"), do poeta francês Alexandre du Bernay (1150-1190), composto com tal métrica em homenagem ao imperador Alexandre Magno (356 a.C.-323 a.C.).

20 Sir John Denham (1615-1669) foi um poeta anglo-irlandês.

21 Edmund Waller (1606-1687) foi um poeta inglês do fim do século XVII, um dos maiores expoentes da literatura da Restauração inglesa.

22 Na mitologia grega, Zefir (ou Zéfiro) é o deus do vento do oeste.

23 Ajax, na mitologia grega, foi um dos participantes da Guerra de Troia, tido por Homero como o "mais valente e belo de todos os guerreiros, à exceção de Aquiles".

24 Na mitologia romana, Camila é filha de Métabo, rei dos volscos, tribo da Itália central. Guerreira e cavaleira experiente, foi personagem da *Eneida* de Virgílio (70 a.C.-19 a.C.).

25 Neste trecho, o autor faz referência ao poema *Alexander's Feast* ("O Banquete de Alexandre") do poeta inglês John Dryden (1631-1700), em que o personagem Timóteo, um músico da corte de Alexandre, destrói a cidade de Persépolis com as melodias de sua flauta. Não confundir com Timóteo de Mileto (446 a.C.-357 a.C.), poeta grego.

26 Júpiter líbio é uma referência ao deus egípcio Amon. "Filho do Júpiter líbio" é um título que Alexandre Magno legou a si mesmo.

27 Nesse verso, "sentenças" referem-se às explanações dos patriarcas da Igreja da Inglaterra, consideradas decisivas em pontos controversos da doutrina protestante.

28 Discípulos do Escotismo, sistema teológico que segue os ensinamentos do filósofo cristão escocês John Duns Scotus (c. 1265-1308).

29 Seguidores da filosofia escolástica de São Tomás de Aquino (1225-1274), que se caracteriza sobretudo pela tentativa de conciliar o aristotelismo com o cristianismo.

Ensaio sobre a Crítica

30 Rua no centro de Londres conhecida à época de publicação da obra como local de concentração de sebos de livros.

31 Alusão ao crítico de teatro, bispo e teólogo inglês Jeremy Collier (1650-1726).

32 O autor refere-se a George Villiers, 2º Duque de Buckingham (1628-1687), poeta e estadista inglês, conhecido como *Le Beau* ("O Belo", em francês).

33 Sir Richard Blackmore (1652-1729), médico e escritor medíocre, grande crítico de Dryden à época.

34 Outro crítico de Dryden, o reverendo Luke Milbourn (1649-1720) foi um poeta e clérigo inglês.

35 Zoilo (400 a.C.-320 a.C.) foi um gramático e filósofo grego. Ficou conhecido pelas duras críticas à obra de Homero.

36 Geoffrey Chaucer (c. 1343-1400) foi um escritor, filósofo e diplomata inglês. É mais comumente lembrado por sua obra inacabada, *The Canterbury Tales* ("Os Contos da Cantuária"), uma das mais importantes da literatura inglesa medieval.

37 O "monarca à toa" em questão é o rei Carlos II (1630-1685), responsável pela restauração da monarquia no Reino Unido, por uma manobra política, após a destituição de seu pai, Carlos I (1600-1649).

38 À época da publicação da obra, as mulheres eram obrigadas a portar máscaras para ir ao teatro no Reino Unido.

39 Referência a Guilherme III (1650-1702), alçado a rei da Inglaterra e da Irlanda, apesar de ser holandês.

40 Fausto Paolo Socino (1539-1604) foi um teólogo italiano, defensor da abolição do conceito de Santíssima Trindade na doutrina cristã..

41 Os Titãs, na mitologia grega, foram entidades que enfrentaram Zeus e os demais deuses olímpicos para ascender ao poder.

42 Referência a John Dennis (ver nota 16), que compôs uma tragédia chamada *Appius and Virginia* ("Ápio e Virgínia").

43 Thomas D'Urfey (1653-1723) foi um escritor e dramaturgo inglês.

44 Sir Samuel Garth (1661-1719) foi um poeta e médico inglês. Entre suas obras, encontra-se *The Dispensary* ("O Dispensário"), poema satírico que critica os médicos e boticários de sua época.

45 Antes do Grande Incêndio de Londres, em 1666, a área vizinha ao Cemitério de Saint Paul (*St. Paul's Churchyard*) era o local onde se reuniam os grandes livreiros ingleses.

46 Nome original do Reino da Lídia, na atual Turquia, suposto local de nascimento de Homero.

47 Quinto Horácio Flaco (65 a.C.-8 a.C.) foi um poeta e filósofo romano.

48 Dionísio de Halicarnasso (50 a.C.-?) foi um historiador e crítico literário grego.

49 Petrônio (27-66) foi um escritor romano, autor da obra em prosa *Satyricon*.

50 Marco Fábio Quintiliano (35-96) foi um orador e professor de retórica romano.

51 Caio Cássio Longino (213-273) foi um filósofo grego, mestre da retórica.

52 Na mitologia grega, as nove musas correspondem às nove filhas de Mnemósine e Zeus.

53 Os godos eram um povo germânico originário do sul da Escandinávia. Eram considerados bárbaros pelos romanos, e as tentativas para a sua conquista marcaram o início da decadência do Império de Roma.

54 Erasmo de Roterdã (1466-1536) foi um teólogo e filósofo humanista holandês.

55 Os vândalos eram uma tribo germânica oriental, que penetrou o Império Romano durante o século V, chegando até o norte da África e fundando a cidade de Cartago.

56 Leão X (1475-1521), nascido João de Lourenço de Médici, foi papa de 1513 até sua morte, tornando-se conhecido principalmente por ser o papa do início da Reforma Protestante.

57 Rafael Sanzio (1483-1520), conhecido apenas como Rafael, foi um pintor e arquiteto italiano da Renascença.

58 Marcus Hieronymus Vida (c. 1485-1566) foi um poeta, humanista e bispo italiano.

59 As cidades de Cremona e Mântua são o local de nascimento dos poetas Vida e Virgílio, respectivamente.

60 Nicolas Boileau (1636-1711) foi um poeta, teórico da literatura e tradutor francês.

61 Sir James Dillon, 3º conde de Roscommon (1605-1649), político e poeta irlandês, foi o primeiro crítico da obra épica *Paradise Lost* ("Paraíso Perdido"), de John Milton (1608-1674).

62 William Walsh (1662-1708) foi um poeta, crítico e político inglês.

A Violação da Madeixa,
um Poema "Heroicômico"

O que o tempo poupa,

o aço arruína,

E, como os homens,

monumentos cedem à sina!

Em *A Violação da Madeixa*, Pope satiriza as convenções sociais, como certos rituais de cortejo, abordando um atrito entre duas famílias aristocráticas católicas da época, contado a ele por seu amigo John Caryll: Lorde Petre (o barão) surpreende a bela Arabella Fermor (Belinda) e, mesmo sendo seu pretendente, corta-lhe uma mecha do cabelo sem a permissão dela, ainda que um exército de gnomos e espíritos tente protegê-la.

No período, a Inglaterra vivia sob os efeitos dos *Test-Acts*, uma série de restrições legais e sanções que atingiu os integrantes de todas as denominações religiosas, salvo os anglicanos, impedindo, por exemplo, que Petre ocupasse seu assento na Câmara dos Lordes, cujo direito era legítimo. A violação do título, ou *rape* em inglês, não se refere à ideia de estupro, mas à acepção mais antiga da palavra latina *rapre*, que significa arrebatar, agarrar, tirar, cuja interpretação na época correspondia a um ato de invasão pessoal, um comportamento não consentido, uma desonra. Diante do "crime" trágico, Belinda exige reparação.

Comparando o posicionamento de familiares e amigos dos jovens protagonistas diante do episódio a grandes batalhas da literatura da época clássica, Pope usa a estatura tradicional dos épicos para enfatizar a trivialidade do incidente e dos temas fúteis que ocupam parcela da sociedade inglesa. Zomba de tolos e vaidosos, com alusões à *Ilíada* e à *Odisseia* (de Homero), à *Eneida* (de Virgílio) e a *Paraíso Perdido* (de John Milton), estabelecendo semelhanças entre esse furto e o sequestro de Helena de Troia, entre a jornada de Enéas para o Tibre e a jornada de Belinda para o Tâmisa e transformando os deuses épicos em pequenas sibilas, espíritos guardiões da verdade. Recorre também a invocações, lamentações e exclamações.

Sob o pseudônimo Ezra Barnivelt, publicou *A Chave da Madeixa* (1714), uma recomendação bem-humorada para que *A Violação...* não fosse levada tão a sério.

ALEXANDER **POPE**

"Nolueram, Belinda, tuos violare capillos;
Sed juvat, hoc precibus me tribuisse tuis."

Marcial[1]

À Sra. Arabella Fermor,

Minha senhora, será em vão negar que tenho certa consideração por esta peça, uma vez que venho dedicá-la à sua pessoa. No entanto, poderá testemunhar que minha única intenção era divertir uma ou outra moça, que tenha bom senso e bom humor suficientes para rir não apenas dos pequenos desvarios de seu sexo, mas também dos próprios. Porém, como foi comunicada com o aspecto de um segredo, a peça logo encontrou seu caminho para o mundo. Ao oferecer uma cópia imperfeita a um livreiro, a senhora teve a benevolência de consentir com a publicação de uma edição mais adequada: algo que fui obrigado a fazer antes de poder executar metade de meu projeto, pois faltava maquinário para completá-lo.

Maquinário, minha senhora, é um termo inventado pelos críticos para referir-se à parte em que as divindades, anjos ou demônios, são levados a agir na execução de um poema, já que os poetas antigos são, de certa forma, como muitas mulheres modernas: por mais trivial que seja uma ação, eles sempre fazem-na parecer da maior importância. Decidi apoiar tais máquinas em uma fundação muito nova e insólita – a doutrina Rosacruz[2] dos espíritos.

Sei o quão desagradável é ter de usar palavras duras diante de uma dama; mas a preocupação de um poeta para que suas obras sejam compreendidas, especialmente por seu sexo, é tão grande que a senhora deve dar-me a permissão para que eu lhe explique dois ou três termos difíceis.

Os Rosacruzes constituem um grupo de pessoas sobre quem devo familiarizá-la. O melhor relato que conheço acerca deles encontra-se em um livro francês chamado *O Conde de Gabalis*, que, tanto no título quanto no tamanho, parece-se muito com um romance que muitos membros do sexo frágil leriam por engano. De acordo com tais cavalheiros, os quatro elementos são habitados por espíritos, chamados por eles de *silfos*, *gnomos*, *ninfas* e *salamandras*. Os gnomos – ou demônios da terra – deleitam-se com travessuras, mas os silfos, que habitam o ar, são as criaturas mais bem instruídas que se possa imaginar. Pois os Rosacruzes afirmam que qualquer mortal é capaz de desfrutar da mais íntima familiaridade com esses espíritos gentis, sob uma condição bastante simples a todos os verdadeiros adeptos: a preservação inviolável da castidade.

Quanto aos Cantos deste poema que se seguem, todas as suas passagens são tão fabulosas quanto a visão que se tem dela no início ou a transformação que se opera no final (com exceção da perda de seu cabelo, que menciono com todo respeito). Os seres humanos são tão fictícios quanto os seres do ar, e a personagem Belinda, que há pouco foi citada, não se assemelha em nada com a senhora, a não ser com sua beleza.

Ainda que este poema tivesse tantos encantos quanto os que abundam em sua pessoa, ou em sua mente, jamais esperaria que passasse pelo mundo sem nenhuma censura como ocorre com a senhora. Mas desejo que tenha a sorte que houver, pois já sou afortunado o bastante por ser-me dada esta ocasião de assegurar-lhe, com a mais sincera estima, minha senhora, de que lhe sou o mais obediente e humilde servo.

Alexander Pope

A Violação da Madeixa

Canto I

De causas amorosas terrível ofensa pode despontar,
E que poderosas contendas irrompem do mais vulgar,
Agora canto... A Caryll[3], ó, musa! devo este volume,
Que nem mesmo Belinda passe dele incólume:
Leve é o argumento, ao passo que o elogio, não,
Enquanto ela me inspira, dele espero aprovação.

Que estranho motivo levaria, ó, divindade,
Um polido lorde a atacar tão afável beldade?
Dizei-me, então, que insólito porquê, ainda ignorado,
Levaria um cavalheiro por tão bela dama ser rejeitado.
Em tão ousadas missões, pode alguém tão pequeno se envolver,
E em peitos tão brandos é tamanha raiva capaz de permanecer?

O sol, através de alvas cortinas, raio tímido disparou,
E os olhos que devem eclipsar o próprio dia despertou.
E, agora, cachorrinhos de estimação sacodem-se empolgados,
E os amantes insones, às doze em ponto são acordados;
O chinelo no chão bateu, três vezes o sino tocou,
E do relógio apressado um som metálico soou.
Belinda o macio travesseiro ainda agarrava,
O silfo guardião seu descanso prolongava;

ALEXANDER **POPE**

Fora ele quem à silenciosa cama convocara
O sonho matinal que sobre sua mente revoara,
Jovem mais vistoso que da festa real o galanteador[4]
(Pois mesmo durante o sono ela cobria-se de rubor.)
Em seus ouvidos punha-lhe lábios desejosos,
E lhe dizia, ou parecia dizer, em sussurros ditosos:

"Mais bela entre os mortais, de encantos sem par,
Tão claramente distinta de milhares de seres do ar!
Se qualquer visão já tocou vosso pueril pensamento,
Do que aia e sacerdote deram-lhe por ensinamento;
Dos elfos dos ares vistos entre as sombras do luar,
Visões de moedas de prata ou do verde circular[5],
Ou virgens visitadas por poderes angelicais,
Com coroas de ouro e flores celestiais;
Ouvi e acreditai! Aceitai vossa dimensão,
Às baixas coisas não limiteis vossa visão.
Muito segredo do erudito é ocultado,
E a donzelas e crianças é revelado:
Que importa se o cético ainda duvidar?
O justo e o inocente hão de acreditar.
Sabei que incontáveis espíritos voam ao léu,
A indistinta milícia do mais baixo céu:
Embora invisíveis, seu voo é infinito,
Por sobre os camarotes e o parque mais bonito[6].
Quem tem tamanho equipamento em pleno ar,
Das carruagens de dois pajens[7] há de desdenhar.
Como agora sois, já foram esses seres pequeninos,
Encerrados que estavam nos belos moldes femininos;

A Violação da Madeixa

E em suave transição acabaram por passar
Dos veículos terrestres àqueles que são do ar.
Quando o sopro efêmero da mulher se evade,
Não morre no mesmo instante a sua vaidade;
Sucessivas soberbas ela ainda alimenta,
Embora não jogue mais, as cartas espreita.
Se quando viva, por douradas carruagens se alegrava,
Depois da morte, o amor pelo baralho é que se agrava.
Pois quando uma beldade, em todo o seu orgulho, expira,
Aos seus primeiros elementos sua alma se retira:
Incendeiam-se os espíritos de megeras delicadas,
Logo ascendem e são em salamandras transformadas.
As de mente suave unem-se às águas, afinal,
E sorvem, como ninfas, seu chá elemental.
A mais grave puritana decai até um gnomo virar,
Em busca de travessuras, ainda na terra há de vagar;
A elegante e fútil em silfo se transformará,
E pelos campos do ar brincando tremulará.[8]

"Saiba ainda: aquela que, justa e cheia de graça,
Rejeita a humanidade, e algum silfo lhe enlaça:
Pois os espíritos, vendo-se livres das duras leis mortais
Assumem o sexo e a forma que lhes agradam mais.
O que protege a pureza das donzelas deslumbradas,
Nos bailes da corte e nas festas mascaradas,
A salvo do traiçoeiro amigo e da ousada paixão,
O flerte diurno e o sussurro na escuridão;
Quando a ocasião fogosos desejos atiça,
Quando acalma a música e a dança enfeitiça?

ALEXANDER **POPE**

É sempre o silfo, sabem os celestiais sábios de antemão,
Embora seja honra o nome que os homens lhes dão.

"Diversas ninfas há, de si muito precatadas,
Aos abraços dos gnomos para sempre condenadas.
Estes inflam seus desejos e seus brios se exaltam,
Quando as ofertas lhes repelem, e ao amor faltam;
Então joviais ideias enchem-lhes a vazia mente
Enquanto cortesãos, duques e seu séquito atraente,
E jarreteiras, ornamentos e diademas aparecem,
E 'vossa graça' é a saudação que lhes oferecem.
E logo conseguem a alma feminina contaminar,
Instruindo as donzelas a seus olhos sempre rolar,
E as faces pueris a dissimular o rubor,
Fazendo o peitinho vibrar a cada novo amor.

"Quando todos imaginam estarem as mulheres perdidas,
Por labirintos místicos, os silfos guiam-nas às guaridas;
Perseguem-nas por todos os círculos alucinantes,
E expulsam com o novo a impertinência de antes.
Há, pois, jovem donzela incapaz de deixar-se cair
Nos encantos de um homem, não tendo baile a ir?
Quando Flório fala, que virgem não estremece,
Se o gentil Dâmon[9] sua mão não aquece?
Com suas vaidades mil, de todas as partes,
Mudam sempre de seus corações as artes,
De peruca a peruca, espadas com espadas lutam,
Galãs banem galãs, e coches com coches disputam.
Mera leviandade, podem os reles mortais chamar,
Ó, cegos! São os silfos que tudo estão a planejar.

A Violação da Madeixa

"Sou um deles, e vossa proteção reclamo,
Sou vosso vigilante, e Ariel[10] me chamo.
Passando, há pouco, as selvas cristalinas do ar,
No claro espelho de vossa estrela tutelar,
Vi, ai de mim!, ameaça de pavor iminente,
Antes de o sol da manhã tornar-se poente,
Mas o céu, como, onde ou o que não revela:
Pelo silfo advertida, ó, piedosa dama, cautela!
E isso é tudo que podem-vos alertar, ademais:
Cautela com todos e, com o homem, muito mais!"

E eis que Shock[11], achando que dormia demasiado,
Aos saltos e lambidelas a dona, enfim, tem despertado.
Então Belinda, se o relato não mente,
Logo fitou um bilhete à sua frente;
Feridas, feitiços e ardor, mal os havia lido,
E da mente tudo que vira já fora perdido.

E agora, revelada, a *toilette* é exposta,
Com cada prataria em ordem mística disposta.
Cabeça nua, vestida de branco, agora,
Os poderes cosméticos a ninfa adora.
Imagem celestial no espelho aparece,
A ela se curva, os olhos engrandece;
E a sacerdotisa inferior[12], pondo-se ao lado do altar,
Tremendo, os rituais do orgulho deve começar.
Incontáveis tesouros, então, se revelam,
E várias dádivas do mundo desvelam;
De cada uma, seleciona atentamente,
Cobrindo a deusa com o espólio reluzente.

ALEXANDER **POPE**

Da Índia, brilhantes joias neste estojo se apresentam,
Já naquele, todos os odores da Arábia alentam.
A tartaruga e o elefante aqui veem-se lado a lado,
Em pentes, manchados, brancos, tudo é transformado.
Veem-se também brilhantes fileiras de alfinetes,
Esponjas, pós de arroz, enfeites, Bíblias e bilhetes.
A beleza, com todas as suas armas, se apresenta,
E, a cada instante, seus encantos sempre aumenta;
Refaz seus sorrisos, toda graça lhe renasce,
Evocando, assim, cada maravilha de sua face;
Aos poucos, rubor mais puro vê surgir,
E centelha mais intensa em seus olhos reluzir.
Os ocupados silfos cercam-na de cuidados,
Arrumam-lhe a cabeça, têm seus cabelos penteados;
Uns dobram-lhe as mangas, outro o vestido lhe pregueia:
E a Betty rendem elogios por ocupação alheia.

Canto II

Não há nada mais glorioso na etérea esplanada,
Que o sol nascente sobre a púrpura enxurrada;
De seus raios eterno rival, navegando avante,
No seio do prateado Tâmisa lançou-se adiante.
Lindas ninfas, elegantes jovens ao redor brilhavam,
Mas nela apenas os olhares se fixavam.
No seio branco, cintilante cruz usava,
Judeus a beijariam, o infiel a adorava.
A mente jovial se revela no sagaz semblante,
Ágil como seus olhos, da mesma forma inconstante;
Favores a ninguém, mas a todos o sorriso estende;
Muitas vezes rejeita, mas de forma alguma ofende.
Brilhante como o sol, ofusca de todos o olhar,
E, como o astro, igualmente se faz brilhar.
No entanto, a graciosa simplicidade e a doçura singela
Esconderiam seus defeitos, se defeitos tivera tal bela;
Se ela dos erros femininos participa,
Basta olhá-la no rosto e tudo se dissipa.

Esta ninfa, para a destruição da humanidade,
Duas madeixas nutria, pendendo com naturalidade;
Idênticas tranças e luzentes cachos, ambos a fim

De finamente adornar a bela nuca de marfim.
Nestes labirintos, o amor seus escravos detêm,
E nesses finos elos, poderosos corações mantêm.
Com armadilhas nós, os pássaros, traímos,
E com finas linhas os peixes atraímos;
A estirpe imperial a bela trança apanha,
E com apenas um cabelo a beleza nos assanha.

O barão aventureiro os cachos brilhantes admirava,
Viu-os, desejou-os, e ao prêmio aspirava.
Resolvido a vencer, ele medita como agir,
Pela força cativar ou com fraude iludir?
Pois quando o esforço de um amante sucesso alcançou,
Não perguntam se foi fraude ou força aquilo que usou.

Para isso, antes que Febo[13] se erguesse, implorara
Um céu propício e todo poder que adorara;
Mas principalmente o amor – e para o amor há de alçar –,
Com doze vastos romances franceses, um dourado altar.
Nele havia meio par de luvas e três ligas,
E todos os troféus de paixões antigas;
Com um tenro bilhetinho ele acende a pira,
E, para atiçar o fogo, por três vezes suspira.
Então prostrado cai e com olhos ardentes implora
Que seu prêmio alcance e mantenha sem demora;
Os poderes lhe ouviram e metade acataram,
O restante, no vazio ar os ventos dissiparam.

Mas agora, segura, vai a ornada embarcação avante,
Tremendo os raios solares na correnteza vacilante:

A Violação da Madeixa

Enquanto fluidas músicas os céus invadem,
Sons suavizados sobre as águas se evadem;
Fluem as ondas devagar, brincam os zéfiros calmamente,
Sorriu Belinda, e pôs-se feliz toda a gente.
Menos o silfo – oprimido pela preocupação –,
A angústia iminente a pesar-lhe no coração.
Diretamente a seus habitantes do ar, então, apela;
E o lúcido esquadrão reúne-se ao redor da vela;
Suaves sobre os véus, etéreos sussurros exalam,
Que às gentes lá embaixo a zéfiros se igualam.
Alguns, ao sol, suas asas de inseto estendem,
Nas áureas nuvens afundam ou na brisa ascendem;
Transparentes formas, sutis demais para nossos olhos nus,
Com seus fluidos corpos que se dissolvem na luz.
Soltas ao vento, suas aéreas vestes voam,
Do tênue orvalho suas texturas não destoam,
Mergulhadas nos mais ricos tons celestiais,
Onde a luz se dispersa em tinturas desiguais;
Enquanto cada raio novas cores extravasa,
Cores mutantes, novas a cada agitar de asa.
Em meio ao círculo, sobre o mastro dourado,
Acima de todos, foi, então, Ariel colocado;
Suas purpúreas asas, para o sol se abrindo,
Ergueu sua varinha e principiou exprimindo:

"Ó, silfos e sílfides, ao chefe dai ouvidos,
Fadas, gênios, elfos e demônios, acatai precavidos!
Conheceis todas as esferas e todos os deveres
Que, pelas leis eternas, atribuem-se aos aéreos seres.

ALEXANDER **POPE**

Parte deles nos campos de éter mais puro agia,
E se aquece e branqueia com o clarão do dia;
Outros, de orbes errantes o curso controlam,
Ou pelo ilimitado firmamento os planetas rolam;
Alguns, menos refinados, sob a pálida luz do luar,
As estrelas que caem através da noite vêm acossar;
Ou sugam, logo abaixo, as névoas menos rasas,
Ou mergulham no pintado arco-íris suas asas,
Ou preparam fortes tormentas no mar invernal,
Ou sobre o globo destilam chuva torrencial.
Outros, na Terra, a raça humana dirigem,
Observam seus caminhos e suas ações corrigem;
Destes, os mais poderosos as nações resguardam,
E a Coroa Britânica com armas divinas guardam.

"Cuidar das belas é nosso dever menos formidável,
Dever menos glorioso, mas não menos agradável;
Salvar seu pó de arroz de um tenebroso vendaval
E impedir que suas cativas essências tenham fim cabal;
As cores frescas das vernais flores extrair;
E, antes das chuvas, o arco-íris extorquir;
Mais luzidio lavar, para seus cabelos enrolar,
Para ajudar seus rubores e seus ares inspirar;
Muitas vezes em sonhos, lhes cedemos a invenção,
De mudar certo babado ou adicionar decoração.

"Hoje em dia, maus presságios ameaçam a bela mais brilhante
Que nunca merecera o cuidado de um espírito vigilante;
Algum terrível desastre, por força ou por deserção;
Mas *onde* ou *o que*, o fado encobriu na escuridão.

A Violação da Madeixa

Será que a ninfa quebrará a lei de Diana[14]
Ou trincará alguma frágil porcelana?
Manchará sua honra ou seu novo brocado,
Esquecerá de suas orações ou de algum baile mascarado?
Perder em um baile seu coração ou um colar,
Ou que Shock caia, se o céu lhe ordenar;
Apressai-vos, ó, espíritos!, à devida correção,
Zefireta do leque esvoaçante toma atenção;
Os diamantes a ti, Brilhante, nós entregamos,
E do relógio, Momentila, a ti nos encarregamos;
Crispissa[15], de seus cachos favoritos ocupar-se-á,
E Ariel, em pessoa, de Shock cuidará.

"A cinquenta silfos escolhidos, de valor especial,
Confiaremos carga importante, a anágua sem igual;
Essa murada de sete véus, sabemos bem, pode falhar,
Mesmo que com aros e costelas de baleia[16] hão de a forrar;
Formai poderosa linha ao redor com muita urgência,
E guardai toda a extensão da ampla circunferência.

"Se qualquer espírito, de sua obrigação descuidado,
Desamparar a bela, tendo seu posto abandonado,
Ao assumir seus pecados, deve logo ser punido,
Será cravado de alfinetes e em um frasco detido;
Ou em lagos de águas amargas mergulhado
Ou ao buraco de uma agulha por eras confinado;
Gomas e unguentos seus voos conterão,
E, obstruído, baterá suas asas em vão;
Ou um alúmen com forte poder de contrair
Encolherá sua essência como flor a ressequir;

Ou, preso como Íxion[17], o desgraçado deve sofrer,
O vertiginoso movimento do moinho a se mover;
Ou queimar no ardente chocolate em vapor,
Ou ainda tiritar no efervescente mar inferior!"

Assim falou, e das velas os espíritos descendem,
Alguns, olho no olho, ao redor da ninfa se estendem;
Alguns metem-se em seus cachos entrelaçados,
Alguns ficam em seus brincos pendurados;
Com o coração a bater, aguardam algum desatino,
Tremendo ansiosos, à espera que nasça o destino.

Canto III

Junto a esses prados, para sempre de flores coroados,
Onde com orgulho o Tâmisa admira seus torreões elevados,
Eis uma estrutura de tão majestosa presença,
Que da vizinha *Hampton*[18] leva seu nome de nascença.
Ali, estadistas britânicos costumam de cena tirar
Tanto tiranos estrangeiros quanto ninfas do lugar;
Grande Ana, a quem os Três Reinos[19] obedecem, ali está,
Às vezes toma conselhos, às vezes toma chá.

Ali, heróis e ninfas sempre se juntam,
E dos prazeres da corte desfrutam;
Em variadas conversas passam muitas horas instrutivas,
Quem o baile ofereceu ou cedeu as últimas comitivas;
Um fala das glórias da britânica soberana,
Outro descreve encantadora tela indiana;
Um terceiro interpreta gesto, olhar e feição,
A cada palavra dita, morre uma reputação.
Rapé ou leque preenche as pausas dos tagarelas,
E muito mais que cantos, risos e várias olhadelas.

Enquanto isso, baixando a partir do meio-dia,
O sol obliquamente seus raios irradia;
Juízes famintos apressam-se logo a condenar,

ALEXANDER **POPE**

E enforcam coitados para que se possam almoçar;
O comerciante da Bolsa retorna em paz
E o longo ritual da *toilette* perfaz.
Belinda agora, a quem a sede da fama rodeia,
Por encontrar dois destemidos cavaleiros anseia;
No baralho[20] por sua condenação decidirá,
E com suas conquistas seu peito inflará.
A um só tempo o trio de esquadras se apresenta,
E cada uma delas o sagrado nove ostenta;
Assim que sua mão mostra, cada guardião do ar
Logo desce e nas cartas importantes vem pousar:
Primeiro vem Ariel, e a um matador[21] se associa;
Depois vêm os demais, de acordo com sua hierarquia;
Pois os silfos, muito atentos à ascendência,
São como as mulheres, zelosas da procedência.

Eis quatro reis, cuja majestade é reverenciada,
Com bigodes grisalhos e uma barba bifurcada;
E quatro belas rainhas, cujas mãos detêm uma flor,
O expressivo emblema de seu mais suave valor;
Quatro valetes em trajes distintos, leais guardiões,
Barretes na cabeça, portando compridos esporões;
E tropas multicores, brilhantes em tudo,
Avançam ao combate na planície de veludo.

A habilidosa ninfa com cuidado sua força analisa:
"Que as espadas sejam trunfos!" E sua fala é precisa.

Agora movem-se para o combate seus negros matadores,
Exibem-se como dos mouros os antigos condutores.

A Violação da Madeixa

Vem primeiro o espadilho[22], da mais invencível nobreza!
Conquistou dois trunfos cativos e varreu toda a mesa.
Outros mais, o manílio[23] a ceder forçou,
E pelo verdejante campo marchou.
Basto[24] logo o seguiu, com mais difícil sorte,
Levou apenas um triunfo e nenhuma carta forte.
Depois, com seu largo sabre, velho comandante,
O venerável rei de espadas dá um passo adiante;
Uma perna viril, estendida, à vista é revelada,
O resto ainda oculto por sua capa matizada.
E o rebelde valete, em um desafio desleal,
Prova ser a justa vítima de sua fúria real.
Mesmo o poderoso Pam[25], que reis e rainhas derrubou
E que nos combates de Lu muitos exércitos tombou,
Triste azar de guerra! De toda ajuda despojado,
Diante do vencedor de espadas, cai derrotado!

Até agora, todo o exército a Belinda cede,
Mas, pelo barão, o destino logo intercede.
Faz com que a amazona seu campo invada,
A consorte imperial da coroa de espada.
Logo do negro tirano de paus torna-se a algoz,
Com sua aparência altiva e seu orgulho feroz;
De que adianta a coroa real em sua moleira,
E os gigantes membros que mal enfileira?
E o pomposo manto que há tanto tempo arrasta,
Ainda que seja o único rei que ao mundo basta?

Agora lança o barão seus ouros com gosto,
E o bordado rei que mostra apenas meio rosto,

ALEXANDER **POPE**

E à sua radiante rainha, com poderes combinados,
Fácil torna-se a conquista dos exércitos arruinados.
Paus, ouros, copas, tudo na desordem se perde,
Em promíscuas turbas espalhadas no campo verde.
Assim como, disperso, corre o exército derrotado,
Como tropa da Ásia ou filho d'África degredado.
Na mesma confusão, vão-se as nações dispersas,
De variados hábitos e de cores diversas;
Desunidos caem os batalhões exauridos,
Sob um único destino, aos montes destruídos.

E o valete de ouros testa sua arte regicida,
Ó desditoso azar, a rainha de copas é vencida.
Com isso, as faces da virgem perdem todo o sangue,
E seu singelo semblante estampa-se exangue;
Vê chegar e estremece, com a desgraça genuína,
Entre as mandíbulas do codilho[26], ali está sua ruína.
E agora (como se vê em alguns Estados à deriva),
De um bom truque depende a fortuna coletiva;
O ás de copas avança e, escondido na bainha,
Espreita o rei invisível, chorando por sua rainha.
Salta à vingança com um ritmo inesperado,
E cai como um trovão sobre o ás derrotado.
A ninfa, exultante, enche os céus aos brados,
Respondem-lhe muros, canais e prados.

Ó, insensatos mortais! O destino não enxergam jamais;
Muito cedo abatidos, eufóricos cedo demais.
De repente, suas honras lhes serão arrebatadas,
E as vitórias deste dia muito em breve amaldiçoadas.

A Violação da Madeixa

Eis que a mesa com taças e talheres é coberta,
Os grãos crepitam e o moinho põe-se em alerta;
Vê-se que prateadas lamparinas então se acendem,
Em altares de laca os espíritos do fogo transcendem;
Dos bicos argênteos o grato licor resvala,
E a porcelana a maré fumegante embala:
Olfato e sabor bem contentes estão,
E a xícara frequente prolonga a refeição.
Ao redor da bela, paira toda a etérea guarida:
E, a cada gole, um deles abana a fumegante bebida,
Outro, em seu colo, exibe as penas com cuidado,
Trêmulo e cônscio do magnífico brocado.
O café (que torna os políticos tão preparados,
Que tudo veem mesmo com olhos semicerrados),
Que, com seus vapores, ao Barão dá a deixa
De novas táticas para obter a radiante madeixa.
Alto lá, precipitado! Antes de ser tarde demais, vacila,
Teme a justiça dos deuses e pensa no destino de Cila[27]!
Transformada em ave, condenada a voar sem juízo,
Pagando muito caro por roubar o cabelo de Niso!

Mas, quando ao erro os mortais voltam sua vontade,
Logo encontram recursos adequados à maldade!
Clarissa[28] retira, com muita graça, naquele instante,
Uma arma de dois gumes de um estojo cintilante:
Assim as damas apaixonadas seu cavaleiro amparam,
Apresentam-lhe a lança, para o combate o preparam;
Com reverência, recebe o que ela lhe apresenta,
Estendendo nas pontas dos dedos a ferramenta;

ALEXANDER **POPE**

Coloca-a logo atrás da nuca de Belinda,
Que os vapores perfumados inala ainda.
Como um raio, mil silfos aos cachos se prestam,
E mil asas com um sopro os cabelos afastam;
Por três vezes puxam-lhe o brinco no perigo,
Por três vezes ela se volta, e aproxima-se o inimigo.
Nesse exato instante, procura Ariel, possesso,
Dos pensamentos da virgem o mais recôndito recesso;
Como um ramalhete em seu seio reclinado,
Observa o raciocínio em sua mente formado;
E, de súbito, vê que, apesar de sua compreensão,
Um amante à espreita vive em seu coração.
Espantado, confuso, descobre que seu poder expirou,
Resignou-se ao destino e, com um suspiro, a abandonou.

O barão agora abre a brilhante tesoura amplamente,
Cerca as madeixas, une-as para cortá-las, finalmente.
Neste momento, antes de o fatal engenho se fechar,
No caminho um infeliz silfo foi se enfiar;
O destino incita a tesoura e corta o silfo em dois
(Mas a substância aérea reúne-se depois).
E, ao fechar-se, são os cabelos abençoados
Da bela fronte para sempre separados!

Vívidos raios brilham nos seus olhos nesse momento,
E gritos de horror rasgam o apavorado firmamento.
Grito mais alto para o céu jamais será lançado,
Nem se à morte marido ou cachorrinho for alçado;
Nem se ricos vasos de porcelana se despedaçarem,
E em pó cintilante e cacos coloridos se estilhaçarem!

A Violação da Madeixa

"Que uma coroa de triunfo minha fronte ostente",
Grita o vencedor, "é minha a glória presente!
Enquanto houver peixes nos riachos e pássaros no ar,
Ou as beldades inglesas em um coche puderem andar,
Enquanto *Atalantis*[29] ainda for por todos lida,
Ou um travesseiro tornar uma dama acolhida,
Enquanto se façam visitas em dias solenes,
À luz de enfileiradas velas brilhando perenes,
Enquanto ninfas forem a encontros e tomarem um presente,
Minha honra, meu nome e glória viverão eternamente!"

O que o tempo poupa, o aço arruína,
E, como os homens, monumentos cedem à sina!
O aço destrói até mesmo dos deuses os labores,
E a pó reduz do império de Troia as torres;
O aço pode as obras do orgulho dos homens arrasar,
E ao chão os arcos do triunfo é capaz de levar.
Por que, então, ó, bela ninfa, é de se espantar
Que vossos cachos à força tirana do aço vão definhar?

Canto IV

Mas a ninfa pensativa nutre uma ansiedade voraz,
Pois muitas paixões secretas em seu peito traz.
Nem jovens reis capturados vivos em batalha,
Nem virgem desdenhosa cujos encantos amealha,
Nem amantes ardentes de seu desejo roubados,
Nem idosas senhoras cujos beijos têm negados,
Nem feroz tirano que impenitente cai morto,
Nem Cíntia[30], cujo manto sai-lhe torto,
Jamais sentiram tamanha ira, desespero e desgosto,
Como vós, triste virgem!, pelo cabelo deposto.

Pois, naquele triste instante, todo silfo afastado,
Ariel pranteia o ocorrido, de Belinda apartado,
Umbriel[31], gnomo melancólico e sombrio,
Capaz de manchar a luz como jamais se viu,
Desceu ao centro da terra, localidade preferida,
Indo em busca de *spleen*[32], a tétrica guarida.

Com suas asas negras, voou veloz o gnomo,
E logo se viu em meio ao sombrio domo.
Nenhuma brisa alegre tal região conhece,
Apenas o temido vento leste o arrefece.

A Violação da Madeixa

Ali, em uma gruta, do ar bem protegida,
Apartada da luz e nas sombras imergida,
Pensativa, em sua cama suspira sem parar,
A dor ao lado e a migrânea[33] a lhe matar.

Duas servas assistem o trono, iguais em posto,
Diferindo muito tanto em figura quanto em rosto.
De um lado a Rabugice, velha criada,
Vestida de preto e branco, toda enrugada;
Sempre às orações, seja manhã, noite, seja meio-dia,
Nas mãos suas rezas, mas no seio só zombaria.

De outro lado, Afetação, com semblante doente,
Mesmo que seu rosto dezoito anos ostente;
Costuma cecear e para o lado a cabeça pender,
Desmaios fingir e de orgulho esmorecer;
Na rica colcha afunda-se com desolação,
Em trajes de enfermidade e ostentação.
Toda beldade convalescenças assim sente,
Pois nova camisola, nova doença pressente.

Constantes vapores da caverna se depreendem,
E estranhas sombras ao surgir da neblina ascendem;
Terríveis como eremitas apavorados ao sonhar
Ou brilhantes como visões de donzelas ao expirar.
Ora demônios luminosos e torres de serpentes,
Pálidos espectros, tumbas abertas e fogos reluzentes;
Ora lagos de ouro líquido, Elísios em arranjos,
Cúpulas de cristal e engenhos de anjos.
Incontáveis multidões por toda parte se viam,

ALEXANDER **POPE**

Corpos pelo *spleen* transformados era o que existiam.
Eis aqui viva chaleira: um braço estica,
O outro dobra, fazendo a alça e a bica;
Como o tripé de Homero[34], eis ali uma caçarola,
Aqui jarra suspira, acolá torta parola;
Homens grávidos, poderosas obras da ilusão,
Donzelas como garrafas, clamando por um tampão.

Seguro passa o gnomo por este fantástico grupamento,
Tendo à mão uma varinha de curativo provimento.
Então, assim saúda: "Salve, rainha rabugenta!
Que a mulher controla dos quinze aos cinquenta:
Mãe dos vapores e do feminino temperamento,
Causando-lhe histérico ou poético acometimento;
Em cada índole procede de maneiras diversas,
Faz esta tomar remédios, aquela rabiscar peças;
Causa atrasos nas visitas da orgulhosa,
E cria raiva às orações na piedosa;
Mas uma ninfa há que todo o vosso poder rejeita,
E que a mil outras mais em igual alegria deleita.
Mas se vosso gnomo chegou a alguma graça arruinar,
Ou espinha em belo rosto logrou assentar,
Como conhaque que torna o rosto da dama abrasado,
Ou transforma o semblante do jogador derrotado;
Se alguma vez invisíveis chifres plantei,
Anáguas amarrotei ou camas desarrumei,
Se cismas causei onde ninguém mal se portara,
Se estraguei o chapéu que a puritana colocara,
Ou se trouxera valioso cãozinho mal virulento,
Que nem o pranto de vistosos olhos lhe traga alento:

A Violação da Madeixa

Ouvi-me, ó, deusa, e tornai Belinda deprimente,
E o *spleen*, a um só ato, se estenderá a toda gente."

Com ar descontente, a deusa parece dizer não,
Mas, enfim, apesar de tudo, atende à sua oração.
Com ambas as mãos maravilhosa bolsa amarrou,
Como aquela em que Ulisses os ventos segurou[35];
Nela coleta a força dos femininos pulmões,
Suspiros, soluços, falatórios e paixões.
Depois enche um frasco com medos aterradores,
Mortificados lutos, doces lágrimas e lânguidas dores.
E o gnomo, satisfeito, leva consigo cada presente,
Asas negras abertas, sobe ao dia lentamente.

Nos braços de Taléstris[36] encontra a ninfa mergulhada,
Com os olhos abatidos e a cabeleira bagunçada.
Sobre suas cabeças a bolsa despedaça,
E então todas as fúrias dela escorraça.
Belinda arde com ira mais que mortal,
E a feroz Taléstris o fogo torna cabal.
"Ó, miserável donzela!", chora com a mão posta
(E Hampton, "Miserável!", ecoa em resposta).
"Foi para isso o cuidado de costume
com a agulha, o pente e o perfume?
Para isso em papelotes vosso cabelo foi atado,
E em ferros torturantes finalmente enrolado?
Para isso redes à volta da cabeça esticastes,
E cargas de chumbo sobre ela suportastes?
Ó, deuses! Irá o violador vosso cabelo ostentar,
À inveja dos janotas e das damas a olhar?

ALEXANDER **POPE**

Que a honra o proíba, em cujo santuário singular,
Nosso sexo renuncia a prazeres e virtudes sem par.
Penso já ver vossas lágrimas surgindo,
E as horríveis intrigas já estou ouvindo;
Já vos vejo como um brindar degradado,
E vosso nome em meio a sussurros enlameado!
Como devo defender vossa reputação do perigo?
Será infâmia até mesmo parecer vosso amigo!
E este prêmio, prêmio realmente sem igual,
Exposto aos olhos curiosos através do cristal,
Pelos raios de luz do diamante intensificado,
Poderá sempre brilhar na mão de um desgraçado?
Que antes a relva do Hyde Park Circus cresça,
E ao som de Bow a presença da elite floresça[37];
Antes que a terra, o ar e o mar ao caos acorram,
E homens, cães, macacos, papagaios, todos morram!"

Disse ela; em seguida, a *sir* Plume[38] faz longo apelo,
E pede a seu galante que lhe traga o precioso cabelo:
(A afeição por seu estojo âmbar de rapé era conhecida,
Assim como a boa conduta de sua bengala escurecida.)
Os olhos sérios e o redondo rosto, cheios de descaso,
Sir Plume primeiro abriu o estojo e depois o caso,
Então irrompeu: "Meu Senhor! Por que fazê-lo?
Diabo! Dane-se o cacho! Oh, Deus, tenha mais zelo!
Droga! Não é caso de piada. Tudo isso dá-me nojo!
Devolva-lhe o cabelo!" Assim falou, mexendo no estojo.

"Isso muito me entristece", respondeu-lhe o barão,
Quem fala tão bem nunca deve falar em vão.

A Violação da Madeixa

"Mas juro por este cacho, cacho tão sagrado,
(Que nunca mais será ao cabelo reintegrado;
Nunca mais suas honras renovará,
À adorável fronte nunca retornará.)
Que, enquanto minhas narinas respiram o vital ar,
Esta mão, que o tomou, ele para sempre irá adornar."
Assim falou e, ao falar, com orgulho desvela
O muito disputado adorno da cabeça dela.

Mas Umbriel, odioso gnomo, revela uma surpresa:
E quebra, então, o frasco de onde flui a tristeza.
E eis que a ninfa, toda aflição, aparece,
O olhar desfalecido nas lágrimas perece;
Em seu peito arfante pende a cabeça inclinada,
Um suspiro a levanta, e não permanece calada:

"Que seja este detestável dia para sempre maldito,
Pois arrebatou meu melhor, meu cacho favorito!
Feliz! Ah, dez vezes mais feliz teria sido,
Se Hampton Court jamais tivesse conhecido!
Mas não sou a primeira a ter esse erro cometido,
De, por amor à Corte, ter tantos males sofrido.
Ah, antes tivesse eu permanecido desconhecida,
Nas terras distantes do norte, n'alguma ilha esquecida,
Onde áureas carruagens nas estradas não há,
Onde baralho não se joga nem se bebe chá!
Manteria ali oculta dos olhos mortais essa beleza minha,
Como a rosa que no deserto floresce e depois definha.
Por que fui com jovens da nobreza vagar?
Ah, se tivesse ficado em casa sempre a orar!

Era isso, então, que os presságios pareciam exprimir:
De minha mão por três vezes foi a caixa de pintas[39] cair;
A cambaleante porcelana balançava sem vento,
Poll[40] ficara mudo e Shock andava muito raivento!
Um silfo também me avisara das ameaças do destino,
Mas acreditar em visões místicas sempre procrastino.
De meus cabelos desprezados vede que pobre apara!
Minhas mãos devem cortar o que vossa mão poupara:
Amarrado em duas belas tranças, trazia-o quando podia,
Uma vez que à minha nívea nuca mais beleza trazia;
Agora sua madeixa-irmã parece grosseira sozinha,
E prevê o próprio destino na sina de sua vizinha;
Pende desenrolada e exige a tesoura fatal,
E as mãos ímpias seduz a fazer igual mal.
Ó, ser cruel! Por que não vos contentastes
Com quaisquer fios de cabelo, exceto estes?"

Canto V

Disse ela, e o piedoso público se desfez em lágrimas, então,
Mas tanto Fado quanto Júpiter taparam os ouvidos do barão.
Em vão Taléstris com censuras o enxovalha,
Pois quem se comove quando Belinda falha?
Nem mesmo o troiano[41] ficara tão endurecido,
Às súplicas de Ana, tendo Dido enraivecido.
Então, a grave e graciosa Clarissa com seu leque acenou:
Silêncio se seguiu, e assim a ninfa começou:

"Por que às belas elogios e homenagens oferecem,
E a paixão dos sábios, o brinde dos vaidosos merecem?
Por que com tudo que há na terra e no mar são enfeitadas?
Por que as chamam de anjos e como anjos são adoradas?
Por que de galãs de luvas brancas seu coche é cercado?
Por que se curva para vê-las o camarote ao lado?
Como são vãs todas as glórias, toda a nossa tristeza,
A menos que o bom senso guarde o que se ganha em beleza;
Que os homens digam ao ver-nos no camarote chegar:
Eis que tanto virtude quanto beleza acabam de entrar!
Ah! Se dançar toda a noite e enfeitar-se todo o dia,
Contra a varíola e a velhice fossem garantia,
Quem os domésticos deveres não desprezaria,

ALEXANDER **POPE**

Quem algo de verdadeira utilidade aprenderia?
Usar 'pintas' e flertar, grandes santos iriam formar,
E certamente não seria pecado toda a gente se pintar.
Mas, que pena!, a frágil beleza deve caducar,
Lisa ou enrolada, toda mecha há de branquear;
Pintada ou não pintada, desbotará toda tela,
Desprezai os homens e haveis de morrer donzela;
Que nos resta, então, além de nosso poder usar,
Se mantemos o bom humor, que mal se pode causar?
Confiai em mim, querida, sempre triunfa a disposição,
Sobre qualquer grito, crise, ralhar ou afetação.
Todas as beldades podem seus lindos olhos rolar,
Encantos atraem a vista, mas a virtude na alma vai se alojar."

Assim falou a dama, mas nenhum aplauso se seguiu;
Taléstris nomeou-a puritana, Belinda a testa franziu.
"Às armas, às armas!", clama a guerreira astuta,
E rápido como um raio voa para a luta.
Todos em grupos se alinham e ao ataque prorrompem,
Leques estalam, sedas farfalham e armações se rompem;
Gritos de heróis e heroínas fundem-se como vertigem,
E vozerios graves e agudos o firmamento atingem.
Em suas mãos não se vê nenhuma arma normal,
Lutam como deuses, sem temer golpe mortal.

E, então, Homero os deuses convoca às combativas ações,
Guiando suas divinas almas com humanas paixões;
Marte luta com Palas, Leto luta com Hermes,
Todo o Olimpo se exalta com sonoros alarmes:
Ruge o trovão de Júpiter, o céu treme ao redor,

A Violação da Madeixa

Netuno rege a tormenta, as profundezas causam furor;
As torres da terra sacodem, o solo logo esmorece,
E o clarão do dia aos pálidos fantasmas estarrece!

No alto de um baluarte, assiste Umbriel triunfante,
Bate as asas alegre, à vista da luta instigante;
Apoiados em suas lanças, os silfos avaliam,
Os combates seguiam, às brigas assistiam.

E Taléstris enfurecida segue firme na batalha,
Com ambos os olhos muita morte espalha,
Morrem galã e chistoso em meio à turba azoada,
Um na metáfora foi-se, o outro em bela toada.
"Trata-se de morte em vida, ó, ninfa traiçoeira!",
Grita Dapperwit[42], afundando-se em sua cadeira.
Um triste olhar *sir* Fopling[43] lança finalmente ao ar,
E diz antes de perecer: "Esses olhos servem a matar!".
Como nas margens floridas onde Meandro[44] escorre,
O cisne a expirar, enquanto canta, morre.

Quando o ousado *sir* Plume, Clarissa arranca,
Cloé[45] intervém e mata-o com uma carranca;
Clarissa sorri ao ver morto o herói valente,
Mas, ao seu sorriso, ele revive novamente.

E agora Júpiter suspende suas douradas balanças no ar,
A masculina astúcia e os femininos cachos põe-se a comparar;
Para cima e para baixo as escalas variam,
Por fim sobe a astúcia, os cabelos arriam.

Vede agora a feroz Belinda o Barão atacar,
Com mais brilho do que o costume reluz o seu olhar;

ALEXANDER **POPE**

O valente nunca temeu tão desigual briga,
Apenas queria morrer ao lado da inimiga.
Mas este senhor ousado, de força viril dotado,
Com um dedo e um polegar ela vê subjugado:
Onde do fôlego da vida seu nariz desfruta,
Uma carga de rapé lança a virgem astuta;
De cada átomo certeiro, um gnomo põe diante,
As partículas pungentes da poeira excitante.
Cada olho se inunda com lágrimas repentinas,
E o palato, então, devolve os ecos às narinas.
"Cumpre agora tua sina!", grita Belinda, afinal,
E dos flancos ela retira um alfinete mortal;
(O mesmo alfinete que, quando moço,
Seu tataravô usava no pescoço,
Em três sinetes foi muito depois fundido,
E à viúva conveio como fivela ao vestido;
Como apito à avó, na infância, serviu,
Tilintou seus sininhos e ao apito ouviu;
Depois, como alfinete, os cabelos da mãe enfeitou,
Por muito tempo o usou, e agora Belinda o herdou.)
"Não te vanglories", grita ele, "injuriosa rival!
Pois nas mãos de outro ainda hás de acabar mal!
Nem penses que morrer abate minha mente audaz,
Pois tudo que tenho a temer é deixar-te para trás!
Em vez disso, ah, não!, deixa-me ainda viver,
E vivo, que possa nas chamas de Cupido arder."

"Restitui a madeixa!", ela clama, e em todo o contorno,
"Restitui a madeixa!", as cúpulas ecoam em retorno.

A Violação da Madeixa

Nem o atroz Otelo em seu furor
Rugiu pelo lenço que lhe causara dor[46].
Mas vede como às vezes a ambição é frustrada,
E o combate perdura até que esteja a paga arruinada!
A madeixa, com culpa obtida e mantida com loucura,
Por todos é buscada, mas em vão é a procura.
Com tal prêmio nenhum mortal será abençoado,
Assim o Céu decreta! Como seria o Céu contestado?

Alguns concluem que subira à esfera lunar,
Já que tudo que se perde parece ali parar.
Lá, a sagacidade de heróis em pesados vasos residem,
E estojos, de pinças ou rapé, de galãs se escondem;
Lá, esmolas e votos quebrados são encontrados,
E corações de amantes com fitas são amarrados;
Lá, as lágrimas do herdeiro, as promessas do cortesão,
Das meretrizes o sorriso, dos doentes a oração;
Lá, há gaiolas para insetos e, para as pulgas, colares,
Há borboletas secas e, de casuística, exemplares.

Mas confiai na musa, pois ela a viu se elevar,
Já que marcada fora com rápido e poético olhar;
(Assim o grande fundador de Roma aos céus se retirou,
E a Próculo somente sua partida confessou[47].)
Certa estrela no ar líquido disparou em um instante,
E deixou atrás de si uma trilha de cabelo irradiante.
Nem a cabeleira de Berenice[48] ostentou tal chama,
Cheio de luz desregrada todo o céu se inflama.
Veem os silfos tal voo, ardente como papel,
E satisfeitos admiram seu progresso pelo céu.

Tal proeza, do Mall[49], toda a gente olha de esguelha,
E com muita música saúda a favorável centelha.
Tal proeza, por Vênus devem os amantes tomar,
E do lago de Rosamond[50], vários votos enviar.
Tal proeza, Partridge[51] verá mesmo no céu nublado,
Usando os olhos de Galileu[52] que tomara emprestado;
E de tal proeza o ilustre mago logo prediz
A queda de Roma e o fim do rei Luís.

Chega, então, ó, ninfa, de lamentar o cacho arrebatado,
Pois novo brilho foi ao firmamento acrescentado!
Nem toda trança que uma bela fronte venha a ostentar,
Como aquela que perdestes a mesma inveja há de causar.
Depois de, por vossos olhares, tanta morte ocorrer,
Depois desses milhões, chegar sua vez de morrer,
Quando esse belo sol se puser, o que ocorrerá sem dó,
Quando essas belas tranças tiverem se tornado pó,
Este cacho, a musa à fama consagrará ainda,
E nas estrelas se inscreverá o nome de Belinda.

A Violação da Madeixa

Notas do tradutor

1 "Não pretendia arruinar-lhe o cabelo, ó Belinda; / mas me alegra ter atendido a seu pedido" em latim. O excerto acima, uma adaptação do Epigrama 12,84 do poeta latino Marcial (38-104) tem por objetivo fazer rir Arabella Fermor (1696-1737), filha de nobres católicos ingleses, conhecida por sua beleza e a quem Alexander Pope dedica o poema.

2 Rosacrucianismo, ou simplesmente Rosacruz, é um movimento filosófico que se popularizou na Europa no início do século XVII após a publicação de vários textos que pretendiam anunciar a existência de uma nova ordem esotérica até então desconhecida. Seu nome é atribuído ao lendário personagem Christian Rosenkreutz, suposto fundador da organização.

3 John Caryll (1667-1736) foi um nobre inglês, o 2º barão de Durford. Era amigo pessoal de Alexander Pope.

4 No original, *a birth-night beau*. Todos os anos, nos aniversários dos membros da família real britânica, organizavam-se festas para toda a nobreza.

5 Dentre as lendas que eram contadas às crianças no século XVII na Inglaterra, havia a da "moeda de prata", deixada pelas fadas como presente, e a dos "círculos verdes", misteriosos círculos deixados nos campos, que hoje são atribuídos a redemoinhos de vento.

6 No original, *hang o'er the box, and hover round the ring*. Referências aos camarotes das óperas de Londres (*the box*) e à grande rotatória do Hyde Park (*the ring*), conhecido parque da capital inglesa.

7 Mais simples forma de locomoção à época, consistindo em duas cadeiras alinhadas em fila indiana puxadas por cavalos.

8 Segundo a doutrina dos espíritos da Rosacruz, mencionada no prefácio do autor, as salamandras são espíritos do fogo, relacionadas à ira; as ninfas são espíritos da água, relacionadas à calmaria; os gnomos são espíritos da terra, relacionados à melancolia e; por fim, os silfos, espíritos do ar, relacionam-se ao sangue

9 Flório e Dâmon eram nomes masculinos comuns em poesias inglesas à época de Alexander Pope.

10 Um dos silfos, representado na obra *A Tempestade*, de William Shakespeare (1564-1616).

11 Cãozinho de estimação da personagem principal do poema, Belinda.

12 Trata-se de Betty, criada de Belinda, que a auxilia em sua *toilette*.

13 Febo era o deus romano da música e da poesia, equivalente a Apolo na Grécia.

14 Diana, na mitologia romana, era a deusa da lua e da caça, equivalente à deusa Ártemis na Grécia. A "lei de Diana" refere-se à preservação da castidade.

ALEXANDER **POPE**

15 Cada entidade do ar é nomeada de acordo com suas obrigações: Zefireta (pequeno zéfiro, vento) cuida do leque, Brilhante cuida dos diamantes, Momentila (breve momento) encarrega-se do relógio e, por fim, Crispissa (a que encrespa), dos cabelos.

16 Materiais usados na armação das saias e anáguas à época.

17 Íxion, na mitologia grega, tentou seduzir Hera e, por isso, foi condenado a ficar girando por toda a eternidade, amarrado a uma roda.

18 O autor refere-se a Hampton Court, palácio real nos arredores de Londres.

19 Reinos da Inglaterra (que incluía o País de Gales à época), Escócia e Irlanda.

20 Neste trecho, é narrada uma partida de voltarete, jogo de baralho famoso à época do poema, tratado como metáfora dos "jogos de amor".

21 Os matadores, no voltarete, eram as cartas com maior valor.

22 Ás de espadas.

23 Dois de espadas.

24 Ás de paus.

25 Valete de paus, carta mais forte no jogo de Lu (*Loo*, no original), outro jogo de baralho popular à época.

26 Termo que define o lance final do jogo.

27 Cila, na mitologia grega, era filha do rei da cidade de Megara, Niso. Apaixonada por Minos de Creta, inimigo de Niso, corta os cabelos mágicos do pai, que protegiam a cidade. Como castigo dos deuses, é transformada em ave marinha e passa a ser eternamente perseguida pelo pai, transformado por sua vez em águia.

28 Apesar de traí-la no poema, Clarissa é uma das amigas de Belinda.

29 Referência a *The New Atalantis*, sátira política da autora e dramaturga inglesa Delarivier Manley (1663-1724).

30 Musa de Propércio (43 a.C.-17), poeta elegíaco romano.

31 Inspirado no Ariel de Shakespeare (que representa ar e luz), Alexander Pope deu ao gnomo um nome que representa as sombras, derivado de *umbral*.

32 Termo que representa o estado de tristeza pensativa ou melancolia associado ao poeta francês Charles Baudelaire (1821-1867).

33 No original, *Megrims*, nome que deu origem a *migrânea*, sinônimo de cefaleia ou enxaqueca. Em inglês, também é associado a uma classe distinta de espíritos do mal.

34 Referência a uma passagem no Canto XVIII da *Ilíada* em que os deuses recebem de Vulcano tripés que se movem sozinhos.

A Violação da Madeixa

35 Referência à passagem do Canto X da *Odisseia* em que o deus Éolo aprisiona os ventos que poderiam vir a atrapalhar o retorno de Ulisses.

36 Rainha mitológica que teria reunido trezentas mulheres para o imperador Alexandre, o Grande (356 a.C.-323 a.C.), na esperança de criar uma linhagem tão forte e inteligente quanto ele.

37 Referências londrinas do século XVIII. À época, Hyde Park Circus era pavimentado e seria impossível imaginar que ali crescesse qualquer área verde; Bow refere-se à Igreja de St. Mary-le-Bow, na área popular da cidade, região que nunca veria a presença da elite.

38 Companheiro de Taléstris.

39 As caixas de pintas eram estojos de maquiagem com pintas artificiais usadas no rosto, tanto pelas mulheres quanto pelos homens da Corte no século XVIII.

40 Papagaio de estimação de Belinda.

41 Referência a Eneias, o herói troiano da *Eneida*, de Virgílio (70 a.C.-19 a.C.), que abandona Dido, rainha de Cartago, apesar das súplicas dela e de sua irmã, Ana.

42 Personagem da comédia *Love in a Wood or St. James Park* (1671), do dramaturgo inglês William Wycherley (1640-1716).

43 Personagem da comédia *The Man of Mode or Sir Fopling Flutter* (1676), do diplomata e autor inglês George Etherege (1635-1691).

44 Na mitologia grega, Meandro é o deus dos rios e cursos d'água.

45 Um dos personagens principais do romance *As Pastorais*, escrito pelo autor grego Longo, no século II cu III. Ao contrário do que se convencionou posteriormente, no romance, Cloé é um nome masculino.

46 Trata-se do lenço de Desdêmona, usado por Iago para causar ciúmes em Otelo na tragédia homônima de William Shakespeare.

47 Segundo o cônsul romano Caio Júlio Próculo (s.d.), Rômulo, fundador e primeiro rei de Roma, teria sido levado aos céus por uma tempestade.

48 Diz a lenda que os cabelos de Berenice, esposa do rei egípcio Ptolomeu III (280 a.C.-221 a.C.), teriam sido transformados pelos deuses em uma constelação.

49 Rua de Londres. Era, no século XVIII, um dos lugares mais frequentados da cidade.

50 Lago em St. James Park, no centro de Londres.

51 John Partridge (1644-1714) foi um astrólogo inglês, autor e editor de vários almanaques e livros de astrologia.

52 Os olhos de Galileu são uma metáfora para o telescópio.

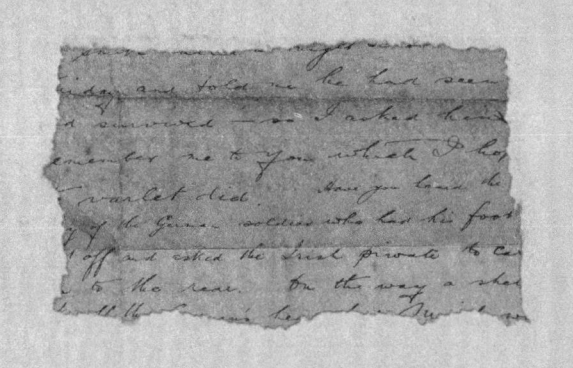

... day and told me he had seen
... survived — so I asked h...
... mention me to you which I hop...
... violet did. Have you heard h...
... of the Gen... soldier who had his foot
... off and asked the Irish private to car...
... to the rear. On the way a shot
...

Floresta de Windsor

A sepultura une; mesmo os grandes
encontram repouso então,
E finalmente opressor e
oprimido juntos estão!

ALEXANDER **POPE**

Ao muito honorável lorde George Lansdowne¹.

"Canto sem que me peçam: mas, ó, Varus,
Se nossas urzes, nossos bosques ressoarem teu nome,
Haverá, pois, algo tão agradável a Febo,
Quanto a página que se adornou com tal nome?²"

Virgílio, Bucólicas VI (vv. 9-12)

Vossas florestas, ó, Windsor, vosso verde aposento,
A um só tempo, da musa e do soberano assento;
Ó, silvestres donzelas, convocai meu canto,
Mostrai vossos rebentos, desvelai vosso manto.
Granville ordena: ó, musas, vossa ajuda deveis portar,
Qual de vós, a Granville, se recusará a cantar?

Floresta de Windsor

Os bosques do Éden, já idos por longa duração,
Vivos, porém, na descrição, sempre verdes na canção:
Por eles meu peito inspirou-se com igual chama,
Tal e qual, tanto em beleza quanto em fama.
E aqui, colinas e vales, planícies e matagais,
Terra e água parecem refinar-se uma vez mais;
Não como o caos, em afluência difusa,
Mas, como o mundo, uma harmonia confusa;
Onde se avista ordem na diversidade,
Onde tudo avém, mesmo na alteridade,
Aqui, o bosque acena questionável panorama,
E os novos tempos, parte rejeita, parte reclama,
Como tímida ninfa, incapaz de regozijo ou repressão,
De seu belo amante, à fervorosa invocação.
Acolá, em meio a amplas clareiras e áreas gramadas,
Surgem finas árvores, cujas sombras seguem apartadas.
Aqui, em plena luz, avermelhadas pradarias avançam:
Acolá, envoltas em nuvens, azuladas colinas perpassam.
Até a selvagem charneca suas púrpuras revela,
E, no meio do deserto, um fértil campo desvela;
Coroado de árvores frondosas e brotos despontando,
Como ilhas de verdor, o deserto de ébano adornando.
Que a Índia ostente suas espécies, não devemos reclamar
Nem a aromática árvore nem o salgueiro de âmbar,
Ao passo que preciosas cargas nossos carvalhos sustentam,
E comandam-se reinos que tais espécimes ostentam.
Nem o orgulhoso Olimpo renderia mais nobre visão,
Embora os deuses concedam sua imponente dimensão.

ALEXANDER **POPE**

Muito além do que os módicos montes daqui oferecem,
Onde, unicamente por suas bençãos, tais deuses aparecem.
Vede Pã com seus rebanhos e Pomona, de frutas coroada,
E logo ali, a corada Flora torna a terra esmaltada;
Acolá os regalos de Ceres, que acena além,
E, ao acenar, provoca a mão do ceifador também;
A rica caravana nas planícies senta-se, sorrindo,
A paz e a fartura de um Stuart[3] atraindo.

Não foi assim que surgiu a terra em eras passadas,
Nada mais que um deserto sombrio e vargas desoladas?
Presa de feras selvagens e selvagens leis,
E de ainda mais ferozes e cruéis reis;
Que para si tinham céus, ar e águas como certo,
Únicos senhores de cada ermo bosque e deserto:
Devastariam cidades, tocas e cavernas invadiriam
(pois dos brutos mais sábios escravos fariam).
Obedecendo-se a bestas sem lei, que liberdade imperava,
Se mesmo os elementos um tirano dominava?
Em estações gentis e vãs, o grão fervilhante inflaram,
Em vão sóis se aqueceram, e suaves chuvas destilaram;
Em lágrimas, o lavrador cede seu trabalho duro,
E, faminto, morre em meio a seu plantio maduro.
Por que, então, em um reino de déspotas, é de espantar
Que constituem semelhantes crimes súdito ou besta matar?
Mesmo destino têm, para tiranos cujo esporte era a caçada,
Mas enquanto o súdito morre de fome, a besta era alimentada.
O arrogante Nimrod[4] foi quem tal perseguição começou,
Poderoso caçador, tão-somente homens caçou:

Floresta de Windsor

Nosso altivo Normando[5] ostenta esse bárbaro nome,
E faz de seus amedrontados escravos presa de renome.
São arrebatadas dos diligentes lavradores as pradarias,
Dos homens as cidades e dos deuses as abadias:
Cidades arrasadas cobertas de mato abundam,
E surdos ventos em desolados templos retumbam.
Cilíndricas colunas jazem partidas sob a hera envolvente,
Em meio a ruínas, assombrando a corça[6] imponente;
A obscena raposa aos túmulos profanados foge,
E o uivo selvagem aos sagrados coros converge.
Os nobres o intimidaram, o povo o amaldiçoou,
Até onde ousou, com tirania o opressor comandou,
Sobre a Igreja e os pobres sua mão de ferro se estendeu,
E da mesma forma a Deus e a seus vassalos acorreu,
Até mesmo os saxões e malditos dinamarqueses[7] poupou,
Mas as arbitrárias vítimas de suas caçadas extirpou.
Vede, porém: a quem às feras vastos campos deu estada,
Teve a si mesmo negada sua última morada[8]!
Estirada sobre a terra, sua segunda esperança,
Tornara-se predador e presa em uma só lembrança,
E vede o Ruivo o dardo mortal arrancando,
Como um cervo ferido, na floresta sangrando[9].
E os monarcas seguintes os gritos dos súditos ouviram,
Descontentes viram os calmos povoados que se insurgiram.
Reuniram rebanhos alimentados em montanhas ignoradas,
Sobre os desertos arenosos espalharam-se colheitas amareladas;
As florestas se encantaram com o incomum grão,
E um êxtase secreto tomou conta do peão.

ALEXANDER **POPE**

Então Britânia[10], a tão justa Liberdade,
Ergue a jovial fronte rumo à áurea idade.

Ó, fortes amantes! Enquanto a juventude seu sangue inflama,
E os mais puros espíritos lhe transbordam a chama,
Dirijam-se às colinas, os lúdicos bosques invadam,
Vibrem o estridente clarim, sua ondulante teia estendam,
Quando ao outono sucede-se o calor do verão,
E nos frescos campos se sacia o perdigão,
Diante de seu senhor, salta o cão apressado,
Vasculhando a terra, de esperança afobado,
E quando os ventos perfumados traem a presa,
Muito perto se esconde, preparando a surpresa,
Seguro de que na infiel rede armada confiará,
Até que sobre ela a repleta teia se fechará.
E, assim (se podemos pequenas com grandes coisas comparar),
Quando Albion[11] seus ansiosos filhos para a guerra convocar,
Em uma cidade esquecida, de bençãos e paz repleta,
Mais e mais perto, a linha de ataque se completa,
De súbito, o prêmio espantado e indefeso prendem,
E bem lá no alto, da Britânia o estandarte pendem

Vede! Da mata surge o faisão sibilante,
E abrindo as asas ergue-se exultante:
Sente a ferida arder, curta é sua alegria,
Agita-se em sangue e sem fôlego arria.
Ah! De que valem o colorido brilhante e variado,
A púrpura crista e os olhos de contorno encarnado,
O vívido verde que cada cintilante pluma revela,

Floresta de Windsor

As asas multicor e o peito que puro ouro desvela?

Nem mesmo quando a úmida Arcturo[12] encobre o firmamento,
Os bosques e campos negam seu aprazível empreendimento.
Rumo a planícies com animados cães nos retiramos,
E os labirintos das circundantes lebres contornamos;
(Besta que persegue sua espécie, por nós impelida,
Aprendendo conosco a arruinar a própria vida.)
Com sua arma, o incansável caçador vagueia,
Mesmo quando a geada os bosques branqueia;
Onde bandos de pombos nas árvores nuas se abrigam,
E galinhas-d'angola nas úmidas clareiras divagam.
Ele levanta o cano e o mantém ao olho nivelado,
E um súbito estrondo irrompe no céu gelado;
Muitas vezes pela charneca deslizam, como em túneis de ar,
E os tristes quero-queros sentem a pesada morte a chegar:
Muitas vezes, enquanto as cotovias seus tons aprontam,
Acabam por cair, e de suas ínfimas vidas se apartam.

Na genial primavera, sob sombras oscilantes,
Onde atravessam o prado brisas refrescantes,
O paciente pescador toma sua calma posição;
Atento, o anzol tremendo em sua mão,
Espera os seres de escamas, o olhar constante,
Assiste à vara vergada e a boia dançante.
Fonte de muitas espécies são nossos cursos abundantes,
Com barbatanas carmim, a perca de olhos brilhantes,
A enguia prateada, por cintilantes cores contornada,
A carpa amarela, por escamas cor de ouro tomada,

Velozes trutas, variadas em suas manchas carmesim,
E também os lúcios, tiranos das águas sem fim.

Agora, junto ao carro em brasas de Febo, Câncer vem[13]:
E ansiosa rumo ao combate silvestre a juventude sobrevém,
Aglomera-se nos gramados, cerca as trilhas da floresta,
O líder dos cães, anima e o cervo veloz, desembesta.
Por todas as veias arfa o corcel relutante,
Com as patas parece tocar o prado distante:
Colinas, vales e águas parecem ter sido cruzados,
Mesmo antes do início, mil passos malogrados.
Vede a ousada juventude íngremes terrenos vencer,
E percorrendo os matagais vales abaixo descer,
Com extrema agilidade sobre seus corcéis pendentes,
Revoando e deixando para trás terras sem precedentes.
Que a velha Arcádia[14] ostente sua planície colossal,
E a caçadora imortal, com seu rastro virginal[15];
Não a invejeis, Windsor! Fostes também espectador
De tão casta rainha, de deusa com o mesmo fulgor[16];
O cuidado de ambas protege o reino silvestre,
o império das águas e a bela luz terrestre.

Aqui também se canta à velha Diana ausente,
E o topo de Cinto[17] o espectro de Windsor ressente;
Aqui viram-na sobre intransponíveis desertos rondar,
Em busca da fresca nascente, a mata virgem a assombrar;
Aqui armadas com arcos de prata ao amanhecer,
Suas virgens de sandálias o gramado a correr.

Floresta de Windsor

Acima de todas, uma ninfa do campo tinha fama,
Vossa descendência, ó, Tâmisa! Lodona ela se chama
(O destino de Lodona, há muito omisso está,
A musa o cantará, e o que cantar durará.)
Da deusa à ninfa quase não se via distinção,
Além do quarto crescente e do áureo cinturão.
Desprezava cuidados e o elogio à belezura,
Apenas a rede nos cabelos e a faixa na cintura;
Em seu ombro ressoa a aljava colorida,
E no lépido cervo a flecha abre a ferida.
A donzela tão ávida pela caça, por casualidade,
Na floresta andeja muito além da extremidade,
Pã a vê, apaixona-se e, ardendo de amor,
Persegue-a e, à sua espreita, acirra seu ardor.
Não tão rápido podem os pombos voar,
Quando a feroz águia corta o limpo ar;
Não tão rápido pode a feroz águia volver,
Quando através das nuvens faz os pombos tremer;
Também do deus voou ela com furioso compasso,
E o deus, ainda mais furioso, apressou o passo;
Agora a ninfa parece pálida, esvaída, titubeante,
Agora logo atrás, ouve ela sua marcha ressoante;
Agora a sombra a alcança em sua disparada,
A sombra do deus, pelo sol poente alongada;
Agora seu sopro ofegante, com o ar abafado,
Sopra-lhe a nuca e agita o cabelo apartado.
Em vão ao pai Tâmisa pede ela guarida,
Nem Diana pode ajudar sua virgem ferida.

Fraca, sem fôlego, assim rogou, e não rogou em vão:
"Ah, Cíntia[18]! Ah, embora banida de vossa procissão,
Deixai-me, ah, por favor, deixai-me às sombras voltar,
Minhas sombras nativas – quero lá chorar e lamentar".
Assim disse e derretendo-se em lágrimas deitou-se,
E em uma suave correnteza prateada desmanchou-se.
E a correnteza prateada sua virgem frieza mantém,
Para sempre chorando e lamentando também;
E ainda leva o nome da virgem singela,
Banhando a floresta onde andava ela.
Em suas castas águas sempre a deusa se banha,
E com suas lágrimas celestiais as ondas arrebanha.
O espiar do pensativo pastor em seu reflexo é frequente,
As impetuosas montanhas e o céu descendente,
E dos bosques pendentes as aquosas paisagens,
E árvores ausentes que estremecem nas paragens,
No límpido clarão azul os rebanhos se avistam,
E flutuantes florestas as ondas de verde pintam,
Por toda a bela cena os riachos rolam lentamente,
E rumo ao Tâmisa despejam sua espuma fremente.

Também vós, grande pai das britânicas torrentes!
Com jovial orgulho vigiais nossos bosques eminentes;
Onde imponentes carvalhos crescentes honras ostentam,
E futuras marinhas em vossas costas se apresentam.
Nem o próprio Netuno em suas correntes acede
Tributo mais rico do que às vossas concede.
Nenhum mar é tão rico, não há margem tão festiva,
Nenhum lago tão suave, nem fonte mais convidativa.

Floresta de Windsor

Nem o Pó[19] tanto engrandece dos poetas a rima,
Quando perde seu curso em meio ao clima,
Como vosso percurso, que visita de Windsor as herdades,
Para agraciar a mansão de nossas terrenas deidades:
Nem todas as estrelas que lá brilham sequer apresentam
O mesmo brilho que as belezas de suas margens ostentam;
Onde Júpiter, ainda subjugado pela paixão mortal,
Poderia mudar o Olimpo para uma colina mais real.

Feliz o homem a quem esta rica corte legitima,
Cujo soberano favorece e cujo país estima;
Feliz aquele a seu lado que à sua sombra se protege,
A quem a natureza encanta e a quem a musa elege:
A quem agrada a mais simples alacridade,
Estudo, exercício e tranquilidade.
Das ervas que a floresta produz sua saúde advém,
E seus perfumados remédios do campo provêm;
Com a arte química, poderes minerais aclama,
E as almas aromáticas das flores reclama;
Agora o curso dos astros no céu assinala,
Sobre mundos de fantasia seu olhar se abala,
Das antigas escrituras eruditos suprimentos libera,
Consulta os mortos e vive além de qualquer era;
Ou, vagando na silenciosa floresta em reflexões,
Assiste aos deveres dos sábios e dos bonachões:
Ser amigo de si mesmo, observar a moderação,
Seguir a natureza e respeitar sua intenção;
Ou ao céu com olhos mais que mortais passa a olhar,
Convidando sua alma livre a no firmamento divagar,

Entre suas estrelas, ronda todo familiar,
Basta procurá-las no céu e reconhecer o lar!
Tal era a vida que o grande Cipião[20] admirava,
Assim Ático[21] se recolhia e Trumbull[22] se retirava.

Ó, sagradas nove[23]! Que possuem toda minh'alma,
Cujo êxtase me incendeia, cuja visão me acalma,
Levai-me, ah, levai-me a cenas apartadas,
A matas labirínticas por verde cercadas;
Às margens do Tâmisa tomadas por perfumadas brisas,
Ou a Cooper's Hill[24], onde vós vos distraís, ó, musas.
(Em Cooper's Hill, flores eternas devem brotar,
Enquanto o Tâmisa fluir ou a montanha durar.)
Pareço por consagradas trilhas me entreter,
E pelos bosques ouço uma suave música arrefecer;
Vago de sombra em sombra, pelo som liderado,
À sombra de todo divino poeta, venerável tornado;
Aqui primeiro temos o majestoso Denham[25] em canto,
Ali, fluindo da língua de Cowley[26] o último encanto.
Ah, tão cedo perdido! Quantas lágrimas o rio derramou,
Quando as pompas fúnebres sua margem testemunhou!
Cada esmorecido cisne nota a nota expira,
E em seus salgueiros pendia de cada musa a lira.

Desde que o destino implacável sua voz celestial parou,
Nenhum bosque se deleitou, nenhuma floresta ressoou.
Quem encantará as sombras por onde dedilhara
Cowley sua harpa viva e o altivo Denham cantara?
Mas ouvi! Os bosques se deleitam, a floresta ressoa!

Floresta de Windsor

Teriam eles revivido? Ou seria Granville que entoa?
Sois vós, meu senhor, a abençoar os suaves recessos,
Chamando as musas a seus assentos pregressos;
Para as silvestres cenas novamente colorar,
Para a floresta com verdes imortais coroar,
Que as colinas de Windsor em números galguem,
E que suas torres mais perto dos céus cheguem;
Para cantar as honras que mereceis ostentar,
E à vossa estrela de prata novo brilho possais dar.

Aqui, o nobre Surrey[27] sentiu a ira sagrada,
Surrey, o Granville de uma era passada;
Incomparável sua pena, vitoriosa sua lança,
Ousado nas listas[28], gracioso na dança.
Nos mesmos tons, os cupidos sua lira afinaram,
As mesmas notas, cheias de amor e desejo tocaram,
A bela Geraldine[29], de seus votos objeto excepcional,
Encheu, então, os bosques, como o faz agora a Mira[30] celestial.

Ah, cantaríeis vós os heróis que Windsor criou,
Os reis cujo primeiro sopro em sua costa aspirou,
Ou os velhos guerreiros, cujos restos mortais adorados,
Jazem em criptas plangentes nesses terrenos sagrados!
Com os atos de Eduardo[31], adornam a página brilhante,
E estendem seus longos triunfos pelas eras de avante,
Desenhai monarcas acorrentados e de Crécy[32] o campo imortal,
E ainda os lírios brilhando no belo escudo real:
Então, ao cair de Verrio[33] a abóboda colorida,
Deixai a nua amurada desassistida,

Ainda em vossa canção deve a França vencida aparecer,
Sob a lança da Grã-Bretanha, sangrando até morrer.

Deixai as mais leves preocupações do malfadado Henrique[34] morrer,
E as palmeiras ao redor de sua tumba eternamente florescer.
Aqui sobre o mártir soberano o mármore chora,
E a seu lado dorme o temido Eduardo[35] de outrora;
De Albion não puderam conter a grandiosidade,
Do velho Belerium[36] à mais setentrional extremidade,
A sepultura une; mesmo os grandes encontram repouso então,
E finalmente opressor e oprimido juntos estão!

O sagrado túmulo de Carlos[37] sempre conhecido tornai,
(A inscrição da pedra retirai e seu local ocultai.)
Ó, malditos crimes! Quantas lágrimas os de Albion derrubaram,
Ó, céus, quantas novas feridas! E como seus velhos sangraram!
Albion viu cada filho seu com púrpuras mortes[38] expirar,
E suas sagradas moradas em labaredas de fogo queimar[39],
E uma terrível série de guerras intestinais[40],
Triunfos inglórios e lembranças desleais.
Por fim, a grande Ana[41] disse: "Discórdia, basta!";
E, afinal, o mundo obedeceu, e a paz fez-se vasta!

Nesse instante abençoado, do fundo de seu leito aquoso,
O velho pai Tâmisa avançou sua cabeça, respeitoso;
Por sobre a correnteza, seus cachos com o orvalho descaíram,
E seus brilhantes chifres um brilho de ouro emitiram;
Surgindo do fundo do rio, aparece a lua que perfila
Tanto seu volume de águas quanto a maré que oscila;

Floresta de Windsor

Os alegóricos fluxos como uma onda de prata cacheada,
E em suas margens eleva-se altiva a Augusta[42] dourada.
Marítimos irmãos reúnem-se à volta de seu trono absoluto,
Insuflando-lhe a enxurrada com águas em seu tributo;
À frente, cada autor de seu nome oriundo,
A sempre sinuosa Ísis e o Tâmisa fecundo;
O ágil Kennet, por suas enguias prateadas renomado,
O lento Loddon, por amieiros verdejantes coroado,
O Colne e suas águas escuras as ilhas floridas banhando,
E o calcário Wey, suas leitosas ondas entornando;
O azul e transparente Wandle se desvela,
O bravio Lea suas tranças juncosas revela,
O amuado Mole, que esconde suas águas em um labirinto,
E o silencioso Darent, pelo sangue da Dinamarca tinto[43].

Em sua urna reclinada, no centro se elevando,
(Seu manto verde-mar com o vento balançando.)
Aparece o deus e seus olhos azul-celeste apontam,
Para onde as torres e cúpulas de Windsor despontam;
Então se curva e fala, e os ventos de rugir se esquecem,
E para a costa as calmas ondas com mansidão descem.

"Salve, sagrada paz! Ave, datas tão esperadas,
Que as glórias do Tâmisa às estrelas sejam elevadas!
Ainda que o Tibre a imortal Roma possa contemplar,
Ainda que o Hermus[44] por áureas vagas passe a navegar,
Embora sob o mesmo céu o sétuplo Nilo[45] seja maior,
E para cem reinos produza uma colheita superior;
Não são mais estes os temas de que a musa há de falar,

Inteiramente perdidos para mim, como as águas no mar.
Deixai os bancos do Volga com seus esquadrões de ferro luzir,
E os bosques de lanças presentes no Reno fulgir,
Deixai o bárbaro Ganges armar sua pacata multidão,
Por um pacífico reinado tenham minha proteção.
Com sangue britânico meus filhos não devem mais corromper
Nem as areias do Ebro[46] nem as coléricas águas do Ister[47];
Seguro em minha costa, nenhum lavrador molestado será,
Dos rebanhos cuidará e os grãos maduros colherá;
Do império sombrio nenhum traço pode restar,
Nem guerra nem sangue, só a silvestre caça deve ficar;
A trombeta dorme, e as alegres cornetas soam,
As armas apenas a pássaros e bestas ecoam.
Contemplai! As vilas erguem-se ao meu lado,
Projetando na cristalina maré seu sombreado,
Contemplai! As reluzentes torres de Augusta se avultam,
E templos, essas belas obras da paz, se levantam,
E vejo, eu vejo, onde duas belas cidades[48] se unirão,
Logo onde se curvam, Whitehall[49] tem nova ascensão!
Ali nações poderosas indagarão sua ventura,
O grande oráculo do mundo na era futura;
Lá reis pleitearão, e poderemos ver estados a suplicar,
Uma vez mais perante a rainha britânica todos vão se curvar.

Vossas árvores, ó, bela Windsor!, devem de vossos bosques partir,
E metade de vossas florestas vão pelas correntes fluir,
Carregarão da Bretanha o brado, e sua cruz exibirão,
Até as brilhantes regiões do dia nascente rumarão;
Alcançarão mares gelados, onde escassas águas rolam,

Floresta de Windsor

E onde flamas mais claras ao redor do polo brilham;
Ou exaltarão suas amplas velas sob os céus meridionais,
Liderados por novas estrelas, sustidos por ferinos vendavais!
Para mim, o bálsamo deve sangrar e o âmbar fluir,
O coral se avermelhar e o rubi reluzir,
A perolada concha cinge-se em seu orbe reluzente,
E Febo altera o maduro minério em ouro fulgente.
Chegará o tempo em que, livre como o vento ou o mar,
O ilimitado Tâmisa deve por toda a humanidade rolar.
A cada maré cheia, nações inteiras se aliam,
E os mares agora unem as regiões que dividiam;
Os distantes confins da Terra nossa glória contemplarão,
E em busca do velho mundo, os novos se lançarão.
Então navios de forma bruta singrarão as encostas,
E sujeitos emplumados lotarão minhas ricas costas,
E certos jovens nus admirarão, junto a seus chefes pintados,
Nosso distinto falar, nossa cor e nossos trajes inusitados!
Ó, estendei os vossos reinos de costa a costa, belíssima Paz!
Até que cessem as conquistas e a escravidão não exista mais;
Até que em suas florestas nativas os índios, enfim, libertados,
Colham seus próprios frutos e tenham seus amores cortejados.
Contemplai o Peru, novamente raça de reis[50],
E outros Méxicos cobertos de ouro por sua vez.
Exilados por vós da terra aos mais profundos infernos,
Em amarras de bronze habitarão os combates hodiernos;
O gigantesco Orgulho, o pálido Terror, a sombria Preocupação,
E também a louca Ambição, a eles se juntarão;
Para lá a púrpura Vingança banhada em sangue se retirará,

Suas armas embotarão e sua chama se extinguirá;
Lá, a odiosa Inveja suas próprias serpentes irá sentir,
E a Tortura com a perda de sua Roda vai se afligir;
Lá as Facções urram, a Rebelião morde seu próprio grilhão,
E as ofegantes Fúrias anseiam por sangue em vão.

Aqui cessa vosso voo, e nem mesmo atos desconsagrados
Macularão de Albion a bela fama dos dias dourados;
Os pensamentos dos deuses os versos de Granville deixam ler,
E as cenas do porvir destino à luz ajudam a trazer.
Minha humilde musa, com despretensiosas melodias,
Pintais as verdes florestas e as floridas pradarias,
Onde a imperante Paz suas oliveiras faz brotar,
E com suas asas aviculares suas bençãos vai espalhar.
Eu mesmo passarei o resto de meus dias indiferente,
À silenciosa sombra, com elogios vazios bem contente;
Já me basta, aos amantes que me ouvem tudo isto dediquei,
Por primeiro nestes campos os acordes silvestres cantei."

Floresta de Windsor

Notas do tradutor

1 George Granville (1666-1735) foi o primeiro barão de Lansdowne (cidade indiana fundada à época em que o país era colônia inglesa) e atuou como político, poeta e dramaturgo. Seu sobrenome será citado novamente logo no início do poema.

2 Tradução livre do original, em latim: "Non injussa cano: te nostrae, Vare, myricae, | Te nemus omne canet; nee Phoebo gratior ulla est, | Quam sibi quae Vari praescripsit pagina nomen".

3 A Casa (ou Dinastia) de Stuart é uma família nobre de origem bretã que deteve o trono da Escócia e a coroa da Inglaterra até 1720.

4 Personagem bíblico, bisneto de Noé, descrito como o primeiro soberano na Terra.

5 Referência a Guilherme I (?-1087), primeiro rei normando da Inglaterra, que governou de 1066 até sua morte.

6 Metáfora usual à época de publicação do poema, a corça simboliza a filha dos deuses.

7 Primeiros povos invasores das Ilhas Britânicas.

8 O túmulo de Guilherme I foi justamente reivindicado por uma família de Caen, na Normandia (França), no momento de seu enterro e teve de ser comprado de volta por seu filho, Guilherme II (c. 1056-1100), antes que o corpo pudesse ser sepultado.

9 Referência a Guilherme II, o Ruivo, herdeiro de Guilherme I, morto em uma caçada por uma flechada acidental no coração.

10 Termo antigo para a Grã-Bretanha, personificação mítica das Ilhas Britânicas.

11 Nome arcaico da Inglaterra.

12 Arcturo é uma das estrelas da constelação Boieiro e a quarta mais brilhante no céu do Hemisfério Norte. Dizia a lenda que, quando ela surgia no céu junto com o sol, haveria uma tempestade a caminho, por isso o uso do adjetivo "úmida".

13 No Hemisfério Norte, a constelação de Câncer encontra-se no zênite celeste em 22 de junho, anunciando o prenúncio do verão ("carro em brasas de Febo"). Neste trecho, Pope enuncia as transformações da natureza durante as quatro estações do ano.

14 Região campestre do Peloponeso, na Grécia Antiga, tida como ideal de inspiração poética.

15 Referência a Diana, deusa da caça e da lua, celebrada por sua castidade.

16 Referência à rainha Anne da Inglaterra (1665-1714), igualmente celebrada por sua castidade e apaixonada por caçadas.

ALEXANDER **POPE**

17 Monte da ilha de Delfos onde a deusa Diana teria nascido.
18 Outro nome da deusa Diana, por ser originária do monte Cinto.
19 Rio que atravessa a Itália, bastante recorrente nos poemas clássicos.
20 Públio Cornélio Cipião (?-183 a.C.) foi um general, estadista e político romano.
21 Tito Pompônio Ático (110 a.C.-32 a.C.) foi um cavaleiro romano e patrono das Letras de Roma.
22 Sir William Trumbull (1639-1716) foi um estadista britânico.
23 As nove musas, filhas de Mnemósine, deusa da memória, e Zeus.
24 Monte junto ao rio Tâmisa.
25 Sir John Denham (1615-1669) foi um poeta e cortesão anglo-irlandês.
26 Abraham Cowley (1618-1667) foi um poeta inglês.
27 Henry Howard, conde de Surrey (1517-1547) foi um aristocrata inglês e um dos fundadores da poesia renascentista inglesa.
28 Nome do local em que se realizavam os torneios de cavalaria.
29 Lady Elizabeth Fitzgerald (?-1589), filha mais nova do conde de Kildare (1487-1534), importante figura na história da Irlanda no século XVI.
30 Nome poético, símbolo da musa inspiradora, usado por lorde Granville.
31 Eduardo III, conhecido como Eduardo de Windsor (1312-1377), foi o restaurador da autoridade real na Inglaterra depois do desastroso reinado de seu pai, Eduardo II (1284-1327).
32 Referência à Batalha de Crécy, ocorrida em 26 de agosto de 1346 e primeiro grande confronto da Guerra dos Cem Anos, entre os exércitos francês e inglês, com a vitória da Inglaterra.
33 Antonio Verrio (1639-1707), pintor italiano, foi contratado pelo rei Carlos II (1630-1685) para representar, no Castelo de Windsor, o desfile triunfal em que o rei João II da França (1319-1364), após sua rendição em 1356, foi levado cativo por Eduardo IV (1330-1376).
34 Henrique VI (1421-1471) foi rei da Inglaterra em dois períodos diferentes, de 1422 a 1461 e entre 1470 e 1471. Grande parte do seu reinado foi marcado pela Guerra das Rosas, entre as casas de Lancaster e York, conflito a que o autor faz alusão entre os versos 311 e 318.
35 Eduardo IV (1442-1483) foi o primeiro monarca inglês da Casa de York.
36 Nome latino dado a Land's End, cabo no extremo sudoeste da Cornualha, Inglaterra.
37 Carlos I (1600-1649) foi rei da Inglaterra, Escócia e Irlanda de 1625 até sua execução.

Floresta de Windsor

38 Referência à Grande Peste de Londres, última epidemia de peste bubônica na Inglaterra, que vitimou quase cem mil pessoas, um quinto da população da cidade, em apenas dez meses, entre os anos de 1665 e 1666.

39 Referência ao Grande Incêndio de Londres, uma das maiores catástrofes da capital inglesa, que destruiu o centro da cidade entre os dias 2 e 5 de setembro de 1666.

40 Referência aos conflitos civis durante o reinado de Jaime II (1633-1701), marcado por rebeliões populares, que acabaram levando à sua deposição em meio à Revolução Gloriosa, de 1688.

41 A rainha Ana da Inglaterra, Escócia e Irlanda (1665-1714) reuniu a Inglaterra e a Escócia em um único estado soberano, o Reino da Grã-Bretanha.

42 Nome dado a Londres pelos romanos.

43 Kennet, Loddon, Colne, Wey, Wandle, Lea, Mole e Darent são afluentes do rio Tâmisa.

44 Nome latino do rio Gediz, na atual Turquia.

45 Apelido dado pelo poeta latino Ovídio (43 a.C.-18), referente às sete ramificações de seu delta.

46 Rio espanhol.

47 Nome grego antigo do rio Danúbio.

48 À época, Londres e Westminster constituíam duas cidades distintas à margem do Tâmisa.

49 Palácio de Whitehall, residência principal dos reis da Inglaterra entre 1530 e 1698, quando foi destruído por um incêndio e nunca mais reconstruído, ao contrário do que o autor previa.

50 Referência aos incas.

Gentlemen; We can furnish
photographs of fine mantel s[ets]
striking the quarters on double
gong chimes; also of higher c[lass]
imitation and real bronzes.

Prompt attention given to
special orders for Wedding
and Christmas presents.

Not the less dear because I am in the great Babylon, and you are in the Literary Emporium. Are you in one place better than any other — nor dis[...] where, unless, indeed, you become a very diff[erent] from what you now are.

Well — we left No. 5, Hayward Place, in a great [hurry?] — not sure that we should arrive in season, but we did. Waited 10 minutes, before starting, [and had time?] to eat two oranges which I bought for you, [and?] which I intended for Dorlie Toppy — that is, and, as far as the oranges appertained, to it[self?] it was a very good one. Felt perfectly [love]ly. Found several abolition friends, in the car[s] — Amasa Walker, and two female delegates [from?] one from Roxbury. Took Julia Williams in as a matter of course, but expected she would be [eyed?] as some of the passengers and by-standers ex[changed?] significant glances at each other. On the whole [I] supposed, or at least were willing to think [she] was our servant. Arrived in Providence at 3. Ushered the ladies, Miss Julia included [into the la]dies' Cabin, and secured their births. We managed it very well. Had Miss Williams to tea last evening, onto breakfast this morn[ing] [I thought?] a great commotion would have been stirred [up by?] which, and to keep the secret to our[selves?] had tea and breakfast brought up to her,

—Many very slightly, however In the night, the
very thick — we had much thunder and lightning
rain. The boat was struck by a squall, and
on her side, (and I believe slightly struck
so as to alarm some who were awake;
asleep, and knew nothing of the affair
safely, however, this morning, at 8 o'clock — b
safe. Took a carriage, and drove to the
Rooms, to know what to do with my poor
Saw two. Stanton, Snell, Goodell, &c. &c
vision had been made for any body. Knew
do, nor when   Finally, drove
have boarding   would not a
even one of ꜣꝀꝊꝅꝄꝅ. then houses
street, where I succeeded in leaving Miss
down to Read-st. to Mr. Phelps, and left
be accommodated somehow and any how.
to a colored boarding house in Leonard
Miss Williams. Then had myself driven
a slaveholding service, but with my own
to Dr. Cox's, in Prince-st. Saw the
not Mrs. C. He inquired particular
little George's case — does not believe
scrofula — and thinks it ought not to
lanced. Hopes I will get some sk
gen to look at. &c &c.

Impressão e Acabamento
Gráfica Oceano